大隈重信と早稲田大学

渡邉義浩

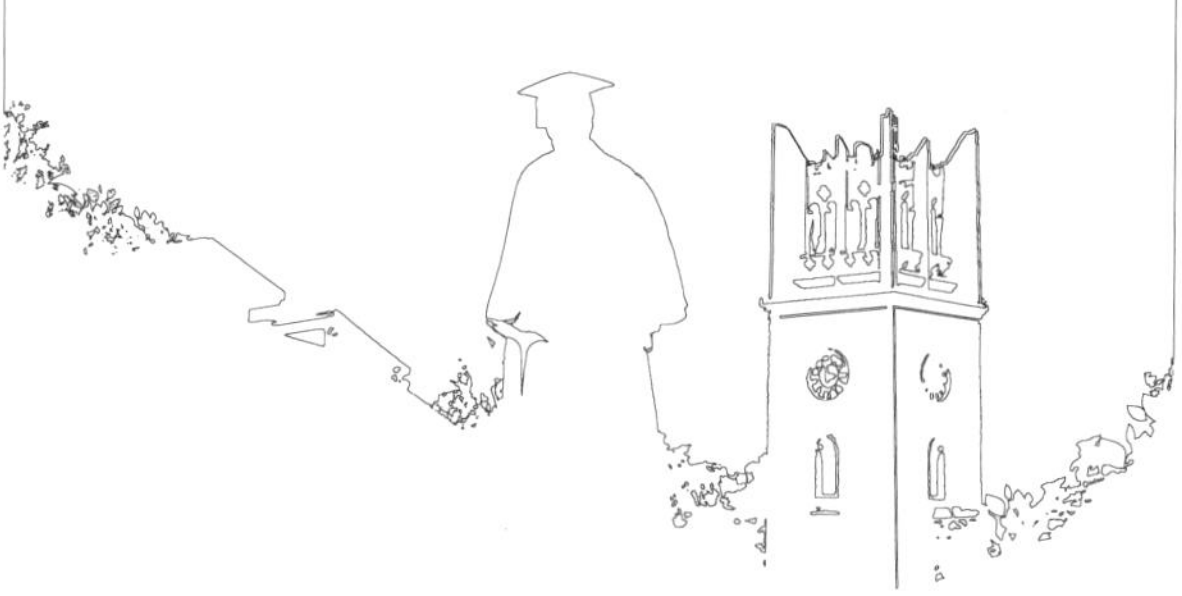

早稲田新書
011

緒言

早稲田大学の学生のみなさん、並びにすべての読者の方々には、ぜひ早稲田大学の創立者である大隈重信の偉業をよく知っていただきたいと思っております。

大隈重信は、現在の内閣統計局の原型を定め、貨幣通貨制度を確立して大蔵省に造幣局を作り、さらに盟友の前島密を支えて郵便制度を完成させるなど、日本の近代化に必須となる大きな事業をいくつも残しています。とりわけ、明治十四（一八八一）年の政変により下野してからは、日本国の近代化には、「民撰議員による議会制民主主義」が必要である、と考え、明治十五年四月に、一党独裁を許さないように立憲改進党を打ち立てました。同時に、日本国の近代化には、高等教育が必須であると考え、明治十五年十月に、東京専門学校（早稲田大学の前身）を創立したのです。

こうした大隈の偉業について、わたしは、早稲田大学の学生だったころ（一九七一～七五年）に、授業で教わったことはありませんでした。卒業して、早稲田を離れ、アメリカの大学院で学び、三つの日本の大学で教えたのち、二十三年を経て母校の早稲田に戻り、初めて大隈の偉業を理解するようになりました。この点、早稲田大学は、創立者大隈重信の事績を学び、その志を受け継ぐための教育をすべきだったのではないでしょうか。

これに対して、盟友であり、好敵手でもある慶應義塾大学では、入学した一年生全員に、『福翁自伝』を配布している、と聞きます。早稲田大学は、先輩であり、盟友でもある慶應義塾大学のこの伝統を学んでも良いのではないかと思います。さらに、早稲田大学内にとどまらず、広く社会に対しても、大隈の事績と早稲田大学の目指すところを明示すべきでしょう。

本書を活用することで、学生のみなさんには、自分の大学の創立者をよく理解してもらい、広く社会の方々には、早稲田大学が創立者大隈重信の志をどのように受け継いで、教育・研究に生かし、いかなる人材を世に送り出そうとしているのかを知る一助にしていただければと思います。

二〇二二年一月十日　大隈没後百年に記す

早稲田大学第十七代総長　田中 愛治

はしがき

明治（めいじ）三十四（一九〇一）年二月三日、大隈重信は、不自由な身体を押して自ら温室で花を選ぶと、使者に託しました。亡くなった福澤諭吉（ふくざわゆきち）に供えるためです。福澤家は、諭吉の意志により、供花（くげ）や香典は一切辞退していましたので、大隈の供花も受付で拒まれます。福澤家の意向を聞いた使者は、「それは十分に承知しています。ただ、これは大隈が福澤先生の訃報（ふほう）を聞き、自ら手塩にかけて育てた温室の花を涙ながらに選んだものです。これも返すとは、あんまりではありませんか」と言いました。福澤家は、使者の言葉を聞いて、これを受け取りました。この花は、福澤の葬儀に、外から供えられた唯一の花であったと伝えられています。

大隈と福澤は、初めから親しかったわけではありません。そ

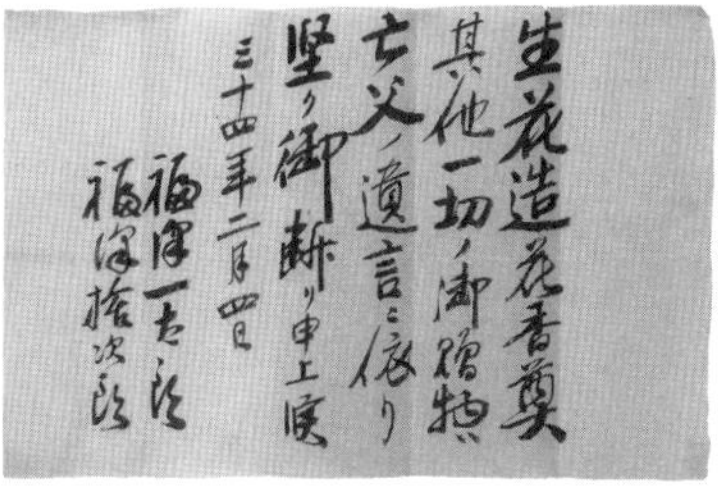
生花造花香奠
其他一切ノ御贈物
亡父ノ遺言ニ依リ
堅ク御断リ申上候
三十四年二月四日
福澤一太郎
福澤捨次郎

供花・香典を辞退する福澤家の案内（慶應義塾福澤研究センター提供）

れでも、教育にかける二人の思いは響きあい、東京専門学校（現在の早稲田大学）の開校式には、福澤の姿がありました。福澤の死後、大隈は演説の中で、次のように述べています。

> （福澤）先生と我輩とは、一心同体にして、社会に尽すべき約束がある如くにさえ感じたのだ。それに今や先生がおられぬのであるから、二人の荷物を一人で背負うが如き思いで、心私かに安からぬものがある。
>
> 立石駒吉（編）『大隈伯社会観』（文成社、一九一〇年）

福澤と二人で背負ってきた荷物とは、これからの日本を背負って立つ若者を教育していく使命のことでしょう。日本史の教科書に出てくる政治家としての大隈重信ではなく、早稲田大学を建学した教育者としての大隈の姿をこの言葉から感じることができます。

大隈重信についてはこれまで、多くの伝記が書かれてきました。しかし、大隈がどんな教育を受けたのか、そして何を考えて早稲田大学を創設し、どんな思いを教育に抱いたのかについて、それを中心に据える伝記は多くありません。内閣総理大臣を二度も務めた大隈の伝記は、当然のことながら政治や社会情勢が中心となるためです。

早稲田大学はすでに、大隈の二二〇〇タイトルの演説・論著の中から、明治から大正にかけて、大隈が青年や女性に何を語り、学問・教育と政治・社会のあり方をいかに語ったかを中心に『大隈重信演説談話集』（岩波文庫、二〇一六年）を公刊し、また『大隈伯昔日譚(おおくまはくせきじつたん)』・『大隈侯(こう)昔日譚』という二つの回顧録から自伝的な記述を選び、さらに自伝的要素を含む大隈の演説・談話を加えた『大隈重信自叙伝』（岩波文庫、二〇一八年）を公刊しています。したがって、屋下(おくか)に屋を架(か)すことになりますが、大隈の簡潔な伝記と早稲田大学への思いを大隈の言葉を中心にまとめてみようと考えました。

それは、二〇二二年が、大隈重信の没後百年にあたり、さらに、二〇三二年の大学創立百五十周年に向け、『早稲田大学百五十年史』の第一巻を刊行する年でもあるからです。こうした希望をお話すると、田中愛治(たなかあいじ)総長は緒言を寄せ、早稲田大学出版部の社長である須賀晃(すがこう)一(いち)副総長は出版部より出版することを認めてくれました。

東アジアでは、歴史は、未来を映し出す鏡とされます。『詩経(しきょう)』大雅蕩(たいがとう)に、「殷鑒(いんかん)遠からず、夏后(かこう)の世に在り」とあるように、殷王朝が鑑(かがみ)（鑒、鏡）とすべき事績は近くに、夏王朝の末の桀王(けつおう)の無道にある、と考えるのです。大隈重信が没してから百年、早稲田大学はその歴史を鏡として、将来を見つめていきたいと思います。

また、早稲田大学では、大隈重信の命日である一月十日に、護国寺にある大隈のお墓に、展墓をしています。『礼記』檀弓下に、「其の国に反るときは哭せず。展墓して入る」とあるように、展墓とは本来、生国を離れていた者が、帰国するときにお墓参りをして、祖先にその間の経緯を告げることを言います。大隈のもとを離れて百年、早稲田大学がこれからどこに向かおうとしているのか。そのささやかな報告もしたいと思っています。

本書は、大隈重信の教育への思いを中心とした簡潔な伝記と早稲田大学の開校への志を描くことで、早稲田大学の未来を照らそうとするものです。本書は、真辺将之『大隈重信―民意と統治の相克』、『早稲田大学百年史』および早稲田大学のＨＰに掲げられる関係者皆様方の記事など、多くの著作に依拠しています。また、大学史資料センター助手の田中智子氏、文化推進部事務部長の金子尚吾氏に校正してもらい、編集は、早稲田大学出版部の谷俊宏氏が担当しました。記して感謝いたします。

二〇二二年一月

早稲田大学百五十年史編纂委員長
早稲田大学大学史資料センター所長　渡邉 義浩

目次

第一章　大隈の受けた教育

大隈重信肖像（黒田清輝画）（早稲田大学會津八一記念博物館所蔵）

1　砲術

四つの基礎教養

早稲田大学の建学の祖である大隈重信は、社会に出ていくまでに、大別して四つの教養を身に付けています。最初は、家業であった砲術で、これを通じて理工系の知識を豊富に身に付けました。続いて、佐賀藩だけでなく江戸幕府の官学でもあった朱子学を修めます。大隈は、青年期に激しく朱子学に反発しますが、大隈の演説を支える論理性や広範な知識は、朱子学を中心とする漢学により、涵養されたものでした。

続いて大隈は、江戸時代に唯一、西欧の事情を知ることができた蘭学を学びます。大隈は語学をあまり得意としませんでした。それでもナポレオンの伝記を読破するなど、意欲的に西欧の知識を吸収します。そして、オランダ憲法からは、のちに立憲主義を唱える基礎を身に付けました。さらに、長崎に出向いて英学を修めます。そのなかで出合った「アメリカ独立宣言」は、立憲政治家としての大隈の立ち位置を定めるだけでなく、早稲田大学の建学にも影響を与えます。

父の信保

大隈重信は、天保九（一八三八）年二月十六日（旧暦）、佐賀藩士の大隈信保と、三井子の長男として、今の佐賀市水ヶ江二丁目で生まれました。そこには現在、生家のほか、大隈重信記念館が建てられています。

生家の二階にある勉強部屋の中央には、勉強中に眠くなったとき、梁（柱）に頭がぶつかり目が覚めるように、梁の出っ張りが残った「ごっつん柱」が残っています。大隈の忍耐力は、こうして作られたのかもしれません。

大隈の生家の勉強部屋には、大隈本人が眠くなると頭をぶつけたという「ごっつん柱」がある（大隈重信記念館提供）

記念館では、大隈を顕彰し、その功績を広く伝えるために、大隈銅像の前の広場で、毎年「大隈祭」を開催しています。早稲田大学も毎年、講師を派遣するなどして、学恩に報いています。

大隈重信は、幼名を八太郎（はちたろう）といいます。大隈は、明治維新（めいじいしん）の直後まで、八太郎という名を使っていました。早稲田大学の七番目の附属・系属校として、佐賀県唐津（からつ）市に二〇一〇年四月に開校した大隈記念早稲田佐賀中学校・高等学校は、学習寮を持っています。その名は、「八太郎館」と言います。大隈重信の幼名にちなむ寮で成長した寮生たちが、将来、日本をリードし、世界で活躍できる人材になることを願っています。

砲術家

大隈家は代々の砲術家で、八太郎の父である信保は、長崎港警備を担当していました。信保が就いていた石火矢頭人（いしびやがしら）という職は、砲台の司令長官にあたり、知行（ちぎょう）三〇〇石（こく）、物成（ものなり）一二〇石を支給されていましたので、上級士族に属していたと言ってよいでしょう。江戸時代に唯一、世界に開かれていた長崎は、佐賀藩と福岡（ふくおか）藩とが毎年交代で警備に当たっていました。信保は、江戸前期に荻野安重が始めた「荻野流砲術」を修め、火薬に必要とされる化学的な知識や、大砲を発射するときに重要な斜角を計算する数学的知識にも通じていました。荻野流からは、日本最初の洋式砲術演習を行った高島秋帆が出ています。

信保は八太郎を砲術家とすべく、幼少のころから、佐賀近郊の岩田射撃場に連れていき、つぶさに砲撃訓練を見せました。しかし、嘉永三（一八五〇）年、信保は八太郎が十三歳のときに病没します。八太郎は、亡父を敬慕し、自分も父の職を継いで、砲術家になることを抱負としました。のちに、藩主の鍋島斉正（直正、閑叟）が、大隈の英才に着目して、航海術を学べと勧めたとき、それを辞して、兵法の修業を願ったと言います。そして、砲術への思いを次のように回顧しています。

> 当時、余は専ら泰西（ヨーロッパ）実用の学芸を研究せしが、中に就きて最も意を致したるは、大砲術、築城学等の如き総て軍事に関する者に在りし。有体に云へば、余は今日まで特に専門の学業を修めたることなく、只種々雑駁なる多少の智識を得たるのみにて、一も取るに足るものなし。然れども大砲、築城等の事に至りては、稍知る所なきに

あらず。是余が少年時代に於て最も意を致したる所なれば也。特に、大砲てふ（ちょうと読んで、「という」の意味）思想は、最も強く余の脳漿に印影せり。

円城寺清『大隈伯昔日譚』（立憲改進党党報局、一八九五年）

大隈への父への思い、あるいは砲術家という職業への自信を見ることができるでしょう。大隈が理数系に強いのは、幼少のころより砲術や築城を精進して修めたことによるのです。

母の三井子

父の信保が死去すると、母の三井子が、八太郎と弟、そして二人の妹を育てあげました。のちに大隈は、長崎や京都へと出かけていきますが、三十歳になるまでは、生家を拠点として、母のもとにいました。

佐賀藩士の次女で、佐賀城下に育っ

大隈重信、母・三井子、綾子夫人（早稲田大学大学史資料センター所蔵）

た三井子は、几帳面で度量が広く、慈愛に満ちあふれた母でした。母は、大隈の大勢の友人をもてなしてくれたと言います。

わが輩は母一人の手で育てられたが、十五、六歳の時分からすこぶる乱暴者で、まるでがき大将のようであった。友人が盛んに遊びにくるので、わが輩の家はクラブの如きものであったが、母は大層人を愛し、客を好まれたから、友人が訪ねてくることを非常に喜んで、手料理をこしらえて馳走してくれた。

江森泰吉編『大隈伯百話』（実業之日本社、一九〇九年）

大隈は、人と会うことが好きでした。人を愛し、慈善を施すことを好みました。それは、三井子の教えにより身に付けたものと言えるでしょう。

また、大隈は、三井子から思想的な影響を受けたと言っています。

母は勤王の志が厚く、毎朝早く起きて洗面すると、すぐ遥かに皇居の方をおがんで聖寿を祈った。私が長じて勤王の大義を唱え、維新の大業を翼賛するようになったのも、母の感化である。

木村毅監修『大隈重信叢書』（早稲田大学出版部、一九六九年）

この時代、天皇のために毎日祈るというのは、珍しいことです。三井子は信心深く、大隈の厄年（四十二歳、明治十二年）のときに、自ら紡いだ蓮の糸を京都西陣の伊達弥助に織らせ、それに育児観音を描かせたものを全国の有名な四十八の寺に奉納しています。それらは、現在でも、大隈家の菩提寺である佐賀の龍泰寺、大隈の墓がある護国寺のほか、高野山・成田山新勝寺などに保存されていると言います。

2　朱子学

弘道館

父が他界するより前、弘化元（一八四四）年に、八太郎は佐賀藩の藩校である弘道館の外生寮に入舎しています。弘道館と言えば、徳川斉昭（慶喜の実父）が天保十二（一八四一）

年に開設した水戸藩の藩校が有名です。しかし、それより先の天明元（一七八一）年、佐賀藩の第八代藩主である鍋島治茂は、儒者の古賀精里に命じ、佐賀城に近い松原小路に弘道館を建てさせています。

名称が重複するのは、『論語』衛霊公篇に、「子曰く、「人能く道を弘む。道の人を弘むるに非ざるなり」と（子曰、人能弘道、非道弘人也）」とある、道が人を広めるのではなく、人が道を広めるのである、という言葉が、人を育てる藩校の名に相応しいからでしょう。

古賀精里は、京都に遊学して横井小車から朱子学、西依成斎から山崎闇斎の学問（崎門学）を修めています。崎門学派は、朱子学を徹底して、君臣の厳格な上下関係を説き、大義名分を尊重しました。朱子学を批判した古文辞学派（蘐園学派）の荻生徂徠とは正反対となります。山崎闇斎は、君臣関係の絶対性を主張し、殷の湯王が悪逆非道な君主である夏の桀王を武力で打倒し、また周の武王が暴君の紂王を武力で打倒した湯武放伐を否定して、紂王に対してでも忠義を貫いた周の文王の態度を肯定しました。どんなに悪逆な暴君でも、臣下である以上、それに絶対服従せよとの教えです。

それを是とする古賀精里は、寛政八（一七九六）年、上京して昌平黌（昌平坂学問所）の儒官となり、柴野栗山・尾藤二洲とともに「寛政の三博士」と呼ばれます。寛政の改革を断行した老中の松平定信のもとでは、昌平黌などの幕府教育機関における朱子学以外の講義を禁止する「寛政異学の禁」が出されていました。古賀精里は、弘道館の学規と学則を定める際には、崎門学に基づき学問・思想の統制をはかり、徂徠学を斥けたと言います。古賀精里、および古賀が学規と学則を定めた弘道館は、学問により権力を正統化し、権力により学問を権威づけようとする方向性を持っていたと考えてよいでしょう。

朱子学への反発

大隈は、これに猛然と反発します。弘道館の仕組みを説明する大隈の文章から見ていきましょう。

> 余が郷里たる佐賀藩には、弘道館てふ一大藩黌（藩校）ありて其の生徒を内生、外生の二校舎に分ち、今の小中学の如く、一定の課程を設けて厳重に之を督責したり。藩士の子弟にして六七歳になれば、みな外生として小学に入らしめ、十六、七歳に至れば、中

学に進みて内生となり、二十五、六歳に至りて卒業せしむる程度なり。若し其の適齢に及ぶも、猶学業を成就する能はざるものは、其の罰として家禄の十分八を扣除（控除）し、且つ藩の役人と為るを許さぬ法なりき。（是を課業法といひ嘉永三〈一八五〇〉年に施行したり）。然るに其の教授法は、先づ四書五経の素読を為さしめ、次に会読を為さしむるものにして、其の学派は専ら頑固窮屈なる朱子学を奉ぜしめ、痛く他の学派を擯斥したり。斯くの如き学制なりしを以て、闔藩（全藩）の少年子弟は、皆な弘道館に入りて、其の規定通りに朱子学を修め、試験に及第して家禄を全収する志を起さざるを得ざらしめたり。

円城寺清『大隈伯昔日譚』（立憲改進党党報局、一八九五年）

大隈は、弘道館には、小学校にあたる外生、中学校にあたる内生があり、卒業時に成績が悪ければ、家禄が八割に減らされた、とします。教材は、『論語』・『孟子』・『大学』・『中庸』の四書、『詩経』・『書経』・『春秋』・『易経』・『礼記』の五経です。まず意味が分からずとも訓読文を声を揚げて読む素読を行い、そののちに、記された内容を議論する会読をします。会読は、講者一人のもとに十人程度の学習者が順番に従って教材を読み、その内容や意図を短く講義することから始まります。他者は、質問をし、疑義を挟み、要約を試みます。講者も指摘をしますが、強い指導はしません。参加者全員の議論を促すためです。なかなか先進的な学習方法で、今では再評価されていますが、大隈は否定的です。学問内容が、朱子学以外認められなかったためでしょう。それでも、家禄を減らされるわけにはいかないので、朱子学を修めて試験に受かるしかなかった、と大隈はしています。そして、弘道館の学問方法の悪影響を次のように批判しています。

偶々、高材逸足の士あるとも、此の方途を践まざれば其の驥足を伸ばす能はざるが故に、一藩の人物を悉く同一の模型に入れ、為めに倜儻不羈の気象を亡失せしめたり。藩黌に入りて制科に及第せざれば、家禄を減ぜらるのみならず、亦た仕途に就く能はずと為すは、是れ明・清の登科及第法よりも厳酷なるものなり。明の成祖（永楽帝）が対偶声律を以て人を採れるさへ、猶後人に秦皇の焚書愚人法よりも有害なりしとて非議せられたり。佐賀藩の学制は、豈に余多の俊英を駆りて凡庸たらしめし結果なしとせんや。

円城寺清『大隈伯昔日譚』（立憲改進党党報局、一八九五年）

明・清の登科及第法とは、官僚登用試験である科挙に及第するための受験勉強のことです。科挙の解答方法が、明の成祖永楽帝により導入された、と大隈が述べる「対偶声律」です。対偶声律は、対句をつくり脚韻（最後の漢字の音）を同一に整えることを言います。具体的には後半の四部を対偶声律にする八部構成の文である八股文のことを指しています。もちろん八股文で書かれる内容は朱子学、なかでも五経よりも簡単な四書の解釈を踏まえるものです。その結果、八股文という形式だけを重視する文章を書かせる明・清の科挙制度は、小手先の器用な秀才肌の人間を採用するのには適していたものの、真の人材を得ることができない、という負の側面もあったと一般には評されています。大隈は、八股文を学ばせたことは、秦皇（秦の始皇帝）の有名な思想弾圧である「焚書愚人法」（焚書坑儒）よりも有害と批判された、と語っています。そして、それを踏まえたうえで、佐賀藩の試験は、科挙よりも「厳酷」であり、佐賀藩の学制により、あまたの俊英が凡庸な人物にされた、と弘道館による学問統制を口をきわめて批判するのです。大隈がのちに、早稲田大学の三大教旨のなかに、「学問の独立」を掲げるのは、自らが受けてきた教育への真摯な反省があったと考えてよいでしょう。

葉隠

佐賀藩の教育を代表するもう一つが『葉隠』です。『葉隠』は、鍋島家の家臣である山本神右衛門常朝の談話を門人の田代陳基が整理したもので、享保元（一七一六）年に脱稿したものです。『葉隠』は武士道論として有名になりますが、本来は一般の武士を対象にした普遍的な武士道論ではなく、佐賀藩主に仕える者の心構え、および佐賀藩の歴史や習慣に関する知識を集めたものでした。そして弘道館において、徐々に藩士に対する教育の柱として重要視されるようになります。『葉隠』もまた、崎門学派と同じように、君主権力への絶対的な服従を要求するもので、とりわけ鍋島家への徹底的な臣従が求められています。

のちに『葉隠』は、明治天皇の御覧を得、『鍋島論語葉隠』と論語を題名に加えることで教訓書としての性格を帯びます。そして、「武士道といふは死ぬ事と見付けたり」という有名な文章が、生命への執着を核とする自己愛が完全に捨て切られることにより、主君に対する心情の純化が成し遂げられると解釈され、『葉隠』は忠君愛国精神の象徴となっていきます。三島由紀夫は、『葉隠入門―武士道は生きてゐる』（光文社、一九六七年）により、戦中から折に触れて感銘して読んだ『葉隠』の魅力を伝えています。

これに対して、大隈は『葉隠』について、次のように厳しく批判しています。

> 余が始めて学に就きたる時代に於ける佐賀藩の学制は此の如くなるが上に、又其の窮屈に加味するに、佐賀藩特有の国是とも謂ふべき一種の武士道を以てしたり。謂ゆる一種の武士道とは、今より凡そ二百年前に作られたる、実に奇異なるものにして、而して其武士道は一巻の書に綴り成したるものにして、其の書名を『葉隠』と称す。其の要旨は、武士なるものは、惟一死を以て佐賀藩の為めに尽すべしと謂ふにあり。天地の広き、藩士の多きも、佐賀藩より、貴且つ重なるものあらざるが如くに教へたるものなり。此の奇異なる書は、一藩の士の悉く遵奉せざる可らざるものとして、実に神聖侵す可らざる経典なりき。其の開巻には「釈迦も、孔子も、楠も、信玄も、曾て鍋島家に奉公したる事なき人々なれば、崇敬するに足らざる」旨を記したる一章あり、以て該書の性質を窺ふに足る。且信玄を以て釈迦・孔子に配したるは、当時、信玄が如何に武人の

間に尊敬せられたるかをも徴すべきなり。

円城寺清『大隈伯昔日譚』（立憲改進党党報局、一八九五年）

武士というものは、ただ死によって佐賀藩のために尽くすべし、という文を『葉隠』の要旨と理解する大隈は、それが佐賀藩士にとって神聖で侵すべからざるものであった、と言います。そして、それを「奇異なる書」と位置づけることに、大隈の『葉隠』への反発を見ることができます。釈迦も孔子も楠木正成も武田信玄も鍋島家に奉公したことがないので、尊崇するに足らないとする『葉隠』への反発が、「一身一家一国のためのみならず、進んで世界に貢献する抱負がなければならぬ」という、大隈の信条へと繋がっていくのでしょう。

大隈は、朱子学と『葉隠』という二大思想を中心とする弘道館の教育に反発して、安政二（一八五五）年、大隈のいた南寮と北寮との争いである南北騒動を機に、弘道館を退学になりました。そのころ大隈は、水戸藩の藤田東湖と「東西の二傑」と並び称された、枝吉神陽から国学を受け、枝吉が結成した尊皇派の「義祭同盟」（楠木正成の像を祭る同盟）に、神陽の実弟である副島種臣、江藤新平らと加盟しています。そして、弘道館を退学になった翌年の安政三（一八五六）年に、蘭学寮に入りました。砲術・朱子学・国学に続いて、蘭学を修めることになったのです。

3　蘭学

佐賀藩の蘭学

蘭学は、江戸時代にオランダを通して日本に入ってきたヨーロッパの学問・文化・技術の総称です。佐賀藩は、長崎の防備を担当していたので、海外の情報を豊富に入手できました。しかも父は、砲台長です。大隈が洋式兵学に興味を持ったのは当然と言えましょう。佐賀の蘭学は、天保五（一八三四）年に医学寮が設置されたことに始まります。天保十四（一八四三）年には、シーボルトの鳴滝塾に学んだ伊藤玄朴を招聘し、嘉栄四（一八五一）年には、蘭医の大石良英を招いて、医学寮の中に蘭学寮を併設しました。伊藤玄朴の進言により、藩主の鍋島斉正は、子の淳一郎（のちの直大）に天然痘のワクチンである種痘を接種し、これを機に領内で広く種痘が行われました。佐賀藩の蘭学への傾倒ぶりを象徴する話です。

弘化元（一八四四）年には、火術方も設置され、砲術ならびに大砲製造の研究が始まっています。大隈はまだ七歳、弘道館の外生寮に入った翌年のことです。嘉永三（一八五〇）年には、反射炉の製造を開始し、嘉永五（一八五二）年に、四基の反射炉の築造に成功、やがて大砲の製造にも成功します。有名な韮山の反射炉は、江川英敏が佐賀藩からの技術支援を受けて開設したものです。大隈が、蘭学寮に入った安政三（一八五六）年ごろの佐賀藩の蘭学の水準の高さを理解できるでしょう。

蘭学から得たもの

大隈は、蘭学寮でオランダ語を学び、窮理（物理）から始め、やがて歴史・政治に関する本を読んでいきました。そのときに、蘭学寮の初代教導である大庭雪斎より大きな影響を受けています。緒方洪庵に学んだ大庭は、オランダ語の教科書である『訳和蘭文語』

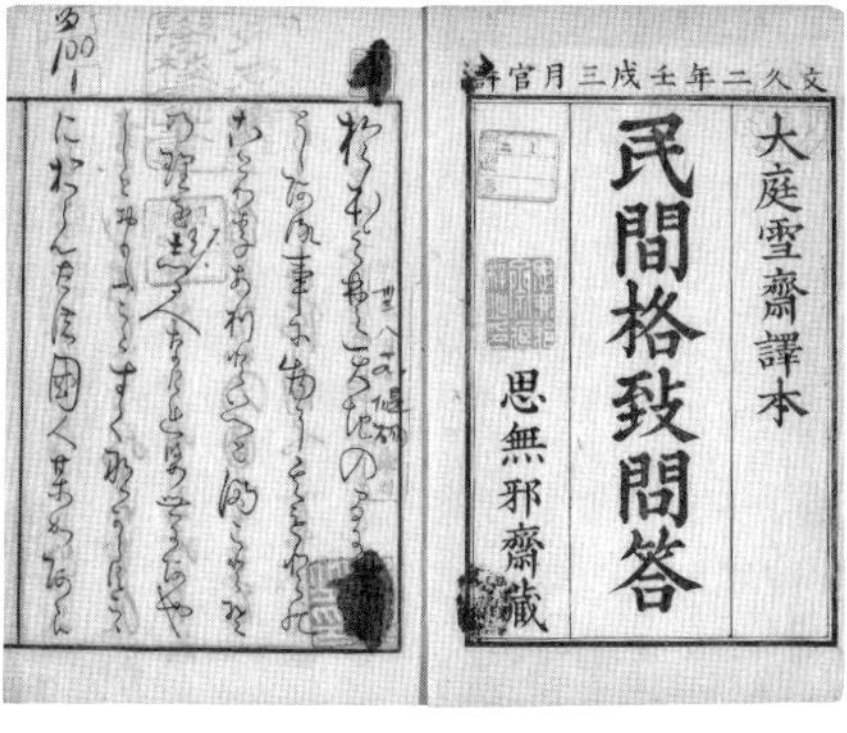

大庭景徳訳『民間格致問答』（早稲田大学図書館所蔵）

のほか、自然科学の入門書である『民間格致問答』などを著しました。そうした学問傾向が、大隈に合っていたのでしょう。大隈はさらに、『ナチュールキュンデ』（物理学）を読み、蒸気機関車の仕組みや産業革命の内容を理解していきます。

大隈が傾倒したものは、ナポレオンの伝記でした。それを読んだときのことを大隈は次のように述べています。

> ナポレオンに就いては、あの日本武士的の生涯が、私の青年的興味や奇好心をも強く惹いたが、元々、和蘭を通じて徳川時代に入つて来た西洋事情の中で、一番早く、一番詳しく分つたのは、ナポレオンとピヨートル大帝との伝記であつた。……七百頁ばかりの和蘭書であつたが、もとより先生のあるわけでなく、辞書と首引で読むだもので、一年か一年半位かかつたらうと思ふ。大抵の本は、始めから五十頁か百頁位読めば倦くのが普通である。私は、白状するが元より勉強家ではないのである。所が、ナポレオンの伝記だけは無暗に面白くて到頭読み了へたものである。
>
> 『文明協会講演集』大正十年度（大日本文明協会、一九二一年）

ナポレオンは、フランス革命で生まれた自由・平等といった近代思想をナポレオン法典（フランス民法典）という形でヨーロッパに広めたのち、侵略者としての側面を嫌われて敗退していきます。のちに自由民権運動に尽力する大隈の近代的な政治思想は、ここに芽生えたのでしょう。大隈はのちに、蘭学から得たことを次のように振り返っています。

> 嗚呼、是れこそ実に余が立憲的思想を起したる濫觴（流れの始まり）にして、是まで多年立憲政体の設立に苦心焦慮したるは、全く此の思想の発達したる結果なりとす。加之ならず、余は北米合衆国が英に叛いて独立したる往時の宣言文を読んで、始めて泰西人の謂ゆる自由・権利てふものの真意を解し、彼の文物制度、頗る我れに優過する所あるを覚り、窃かに之を移植せんとの志望を懐きたり。之を要するに、余の自由思想・立憲主義は、蘭学寮在学の日に於て、其の萌芽既に発生したりしなり。
>
> 円城寺清『大隈伯昔日譚』（立憲改進党党報局、一八九五年）

大隈はオランダの憲法を読み、夷狄の国にもこのような良い制度があるのかと感嘆し、アメリカ独立宣言を読んで、欧米の文物や制度が我々よりも優れていることを知り、これを移植すべしとの志を抱いたと言います。大隈の一生の政治的業績は、立憲政治と政党政治の達成を目的としています。その端緒は蘭学寮で得られたのです。さらに、蘭学の学習は、「東西文明の融合」という考え方、そして海外の事物を積極的に取り入れていこうとする大隈の「進取の精神」を育んだのでした。

時代は目まぐるしく動いていました。安政七（一八六〇）年、桜田門外の変により、江戸幕府の大老井伊直弼が水戸脱藩浪士と薩摩藩士により暗殺されたのです。桜田門外の変への対処をめぐり、佐賀藩では、朱子学を尊重する保守派と、蘭学に接近し尊王を主張する改革派との対立が頂点に達します。そこで、藩主鍋島斉正は、蘭学寮を弘道館の内部に移すことで、両派の融和を計ります。大隈はすでに蘭学寮の教官となっていました。やがて、アメリカから帰国した小出千之助と同僚になります。小出は、江戸幕府が日米修好通商条約の批准書交換のため、万延元（一八六〇）年に派遣した遣米使節団に随行し、蘭学の限界を指摘します。大隈は、夜な夜な小出と談論し、欧米の政治経済の知識を深めていきました。

4 英学

致遠館

小出千之助は、鍋島斉正に英語を学ぶための教育機関の設立を献策していました。万延二（一八六一）年、斉正は、のちにアームストロング砲の開発に尽力する秀島藤之助、海軍に進み日清開戦に反対した中牟田倉之助、東京・長崎間の電信を開通させる石丸安世の三人に英語の学習を命じ、続いて大隈重信や江藤新平などを次々と指名していきました。そして、長崎市五島町にあった佐賀藩諫早家の山本家の屋敷内に、フルベッキを教師に招聘して、蕃学稽古所を設置しました。慶応三（一八六七）年のことです。翌慶応四年、蕃学稽古所は、致遠館と改称されます。

　フルベッキは、長崎にあった幕府の英学所である済美館（長崎英語伝習所）で教えていたオランダ人の宣教師です。フルベッキ

旧「致遠館」（宮島醤油株式会社提供）

は、済美館と掛け持ちで、一日おきに一時間から二時間、『新約聖書』と「アメリカ合衆国憲法」をテキストとして英語を教授しました。鍋島斉正は、副島種臣を致遠館の監督、小出千之助を教授方に据えて、欧米の政治制度・法制度の講義や議論を行わせました。やがてフルベッキが、明治政府の招聘により上京し、致遠館の活動は、二年間で終わります。フルベッキは、長崎時代における政治学の重要な生徒たちとして、大隈と副島種臣の名をあげています。

致遠館の跡地は、宮島商事（唐津の宮島醤油の関連会社）の長崎支店となっており、二〇〇二年に早稲田大学により、「致遠館跡」の石碑が立てられました。

アメリカ合衆国憲法の精神

大隈は、致遠館で立憲政治家の基礎となる憲法を学んだほか、フルベッキからトマス＝ジェファソンが執筆した独立宣言を学んだことが、やがて早稲田大学を創設する考えへと繋がっていったことをのちに次のように述懐しています。

> 吾輩（大隈）は若い頃長崎に遊学して、そこで、オランダ人でアメリカに帰化した宣教師のフルベッキ氏から、オランダ語と英語を教わった。そのときフルベッキ氏がテキストとして用いたのは聖書であった。そこで吾輩は、ぜひ政治に関することを書いたものを読みたいと思って懇請したところ、フルベッキ氏が新たにテキストとして用いたのは、トマス＝ジェファソンの執筆になる合衆国の独立宣言であった。これを読んで吾輩は、民主主義の思想を知り、それが基礎となって民主主義を信ずるようになったのである。ところが、ジェファソンはその後、合衆国に民主主義の政治を実行するためには、青年を教育することの必要を感じて、ヴァージニア大学を創設された。そこで吾輩も、ジェファソンと同じ考えの下に、早稲田大学を創設したのである。
>
> 『早稲田学報』六一〇号（一九五一年）

一九七〇年、早稲田大学第九代総長の時子山常三郎は、一九八二年の百周年に向けて『早稲田大学百年史』を編纂するにあたり、早稲田が模範としたヴァージニア大学の歴史を知りたいとして、ヴァージニア大学史の贈与を求めました。これを受けて、ヴァージニア大学の総長のエドガー＝F＝シャノンは、一九六九年の百五十周年を機にヴァージニア大学出版部で刊行した『ヴァージニア大学史概要』などを早稲田大学に寄贈しています。寄贈書の一つ『過渡期の世界における大学』の扉ページには、「人間精神の無限の自由に捧げて、百五十年前トマス＝ジェファソンは大学を創設した」とあります。大隈が早稲田大学の建学時に掲げた「学問の独立」に当たるものが、ヴァージニア大学の「人間精神の無限の自由」なのでしょう。大隈が受けたトマス＝ジェファソンの影響をここに見ることができます。

大隈はこれよりさき、佐賀藩士の江副道保の娘である美登と結婚し、文久三（一八六三）年に長女の犬千代（のち熊子と改名）が生まれています。

大政奉還

大隈は、加盟していた義祭同盟、なかでも枝吉神陽を通じて、尊皇思想や国体論を身に付けていきました。

（枝吉は）容貌魁梧にして才学共に秀で、夙に学派の範囲を超越し、又た国学に通じて、尊皇の論、国体の説等、皆な其の要を発見せり。

円城寺清『大隈伯昔日譚』（立憲改進党党報局、一八九五年）

大隈が強く「尊皇」の思想を抱いたのは、枝吉神陽から国学や国体論を学んだことに加え、母の三井子が「勤王の志」を厚く持っていたことの影響もあります。薩摩藩と長州藩が同盟を結んでいるとの情報を家老の鍋島河内より得ていた大隈は、幕府が第二次長州征伐への協力を佐賀藩に求めてくると、日本が内戦状態になり、外国から侵略を受けることを恐れました。

そこで、慶応三（一八六七）年、副島種臣と共に、将軍の徳川慶喜に大政奉還を勧めることを計画し、脱藩して京都へ赴きました。しかし、藩吏に捕縛されて、佐賀に送り還され、一カ月の謹慎処分を受けます。それでも謹慎の後、大隈は鍋島斉正（閑叟）に召されると、積極的な行動を勧めましたが、容れられませんでした。

> 余は敢て告白す、藩主閑叟は単に人物として論ずるときは、薩・長・土の三藩主を圧するに足るべきも、機勢大変遷の際に於ける藩主として、其の藩士に自由を与へ、其の俊秀を登庸するの点に於ては、他の三藩主に較劣れるものありしと。又敢て告白す、当時

の佐賀藩は実に薩・長・土の三藩に譲らざる勢望を有し、又中野（数馬、のち第百六銀行取締役）の如く、枝吉の如く、江藤、副島、大木（喬任、東京府知事、東京奠都に尽力）等の如き、其の手腕に於ても、気胆に於ても、共に薩・長・土の三藩の人士に譲らざりしに拘はらず、其の中原に駆馳する上に於て、其の維新の改革を大成する上に於て、外国に対する動力・反動力に依りて馴致せられたる明治の文明に先鞭をつける上に於ても、共に一歩を薩・長・土の三藩に輸らざるを得ざるに至りしは、一は運命の然らしむる所なるべしといふも、抑亦、閑叟が無事を目的と為し、単独の判定を好みしの結果ならずんばあらずと。

円城寺清『大隈伯昔日譚』（立憲改進党党報局、一八九五年）

大隈は、このように閑叟の人物を認めながらも、藩士に自由を与え、優秀な者を登用することに優れず、優秀な佐賀藩の人材を明治政府に送り込むことに成功しなかったと述べています。

佐賀藩は、明治維新に出遅れ、明治二（一八六九）年、明治政府から王政復古ならびに戊辰戦争の褒賞が下された際にも、薩摩と長州の藩主には十万石が与えられたのに対して、佐賀藩主に与えられた褒賞は二万石にすぎませんでした。

大隈は、薩摩・長州のように集団として明治政府で重きをなすのではなく、個人の才能によって、明治政府に参画していくことになります。

第二章　殖産興業

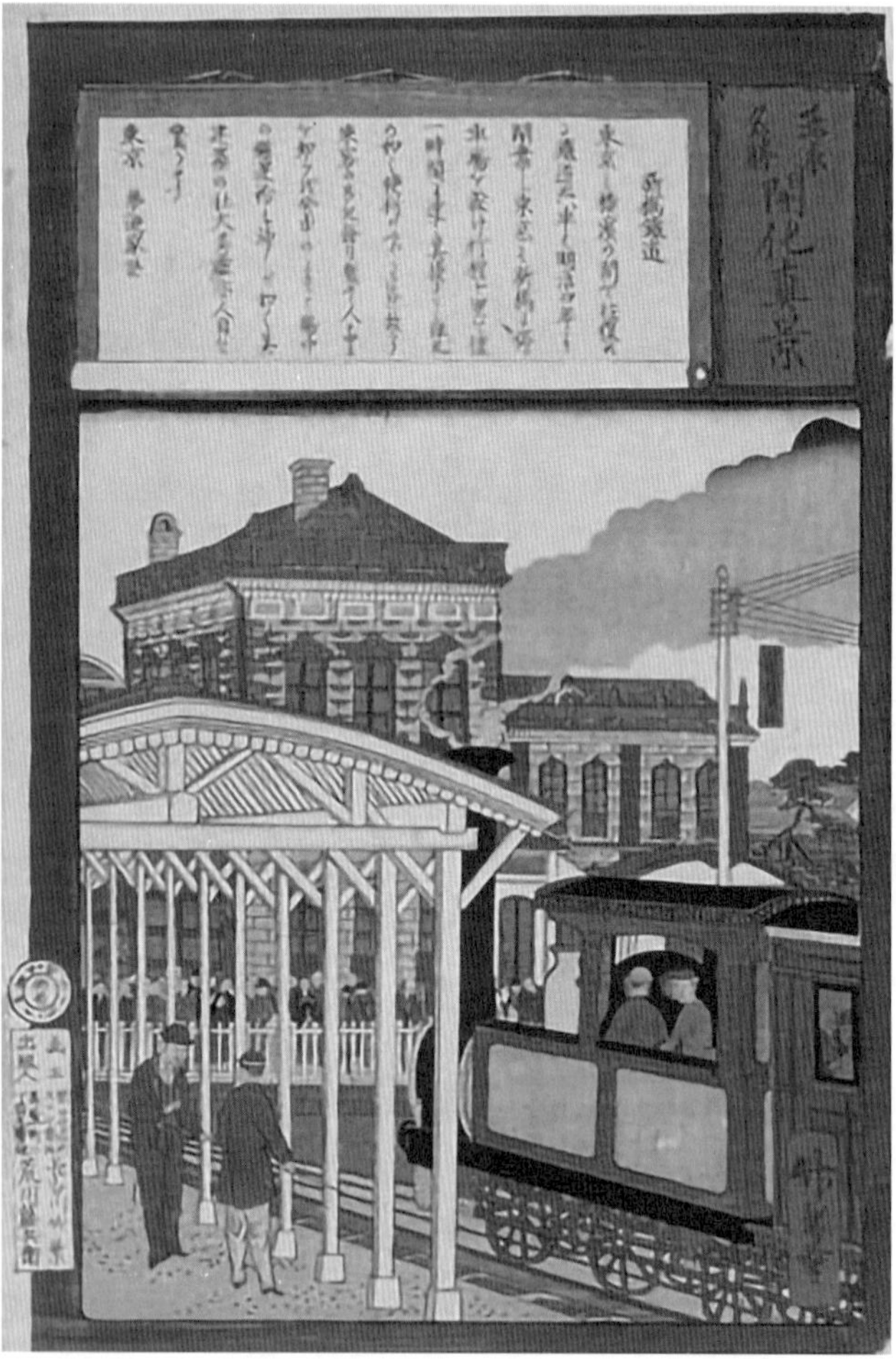

「東京名勝開化真景 新橋鉄道」長谷川竹葉＝木版画、1877年（東京ガス ガスミュージアム所蔵）

1　パークス

大隈の武器

佐賀藩が明治維新に乗り遅れたにも拘らず、大隈重信は、明治政府の中で、またたく間に参議兼大蔵卿に昇りつめていきます。その力の源となったものは、蘭学・英学の取得によって身に付けていた国際性と、「築地梁山泊」と称された大隈邸で培われた人脈、そして、長崎という貿易の中心地を代々警備をしていたことで育まれた経済活動への卓越した理解力でした。

大隈は、英国公使のパークスと交渉しながら、円を基本単位と近代的な通貨制度の基本を定めます。そして、明治政府の財政を立て直すと、「殖産興業」に力を注いでいきました。具体的には、鉱山や製鉄、製糸などの官営事業を立ち上げたほか、伊藤博文が制度を創設した「国立銀行」(国法によって立てられた民間の銀行)により、政府の資金による民間企業の育成を図りました。大隈の積極財政は、インフレを加速させましたが、日本の資本主義発展の道筋をつけることになったのです。

井上馨との出会い

慶応四（一八六八）年、鳥羽伏見の戦いが起こると、幕府の長崎奉行は逃走し、土佐藩・佐賀藩などの合議により長崎の治安は維持されました。大隈は、この合議体制のもとで、列強諸国との折衝を担当しました。やがて明治政府より、長崎裁判所総督として沢宣嘉と参謀として井上聞多（馨）が派遣され、長崎の統治に当たることになりました。

裁判所参謀助役となり、外国人との訴訟を処理していく大隈の仕事振りを見て、井上は大隈を高く評価します。そして、大隈を小松帯刀や黒田清隆へと推挙しました。その結果、大隈は徴士参与職、外国事務局判事に任ぜられます。徴士とは、明治政府に藩士から選抜された者をいいます。参与とは、王政復古により新設された三職の一つで、下級廷臣ないしは藩士によって構成されていました。明治政府の実質的な指導者は、参与として集められており、さまざまな政治の実働部隊でした。佐賀藩から参与になった者は、大隈が初めてです。井上との出会いが、大隈を明治政府の一員へと押し上げていったのです。

パークスとの舌戦

外国事務局判事となった大隈は、浦上四番崩れに対応します。浦上村（現長崎市）で行われた隠れキリシタンへの四度目の弾圧に対する各国の抗議に、大隈は対応したのです。「崩れ」とは、検挙事件のことです。キリシタンへの弾圧を抗議する諸外国の中心となった者は、英国公使のパークスでした。パークスは、明治天皇への謁見に向かう途中に襲撃されたことでも有名ですが、諸外国の中で最初に明治政府を承認した人物でもあります。

パークスは、文明諸国はみな「信仰の自由」を認めているのに、なぜ日本は、キリスト教を信仰するだけで処罰するような法律を持つのか、と厳しく批判します。これに対して、大隈は、日本が日本の法律に基づき、国法を犯した者を処罰しても、外国から干渉される理由はない、と主張しました。さらに大隈は、日本はキリスト教そのものを嫌う訳ではないが、キリスト教がしばしば戦争を起こしたことは事実である。すでに神道と仏教が勢力を得ている日本に、キリスト教が流入すれば混乱が予想され、それを避けるためにキリスト教を禁止するのはやむを得ない措置である、と述べたてます。

これに対して、パークスは、キリスト教は文明諸国の信ずる善良な宗教であり、そうした文明的な宗教を禁圧する国は、必ずや滅亡しようと威嚇します。大隈は、この威嚇を笑い、むしろ外国の干渉にやすやすと動かされる国こそ滅亡する、と答えました。こうした問答を六時間あまり繰り返しましたが、大隈が屈伏することはありませんでした。

通訳に当たったシーボルトが大隈に語ったところによれば、パークスはこのような論理的な反論を正面から受けたことはなく、大隈に対して敬意を抱いたとのことでした。こののち、明治政府が浦上村のキリスト教徒を流罪に止めて、死刑にしなかったこともあり、列国からの干渉は収束します。大隈自身は、後年、これを次のように評価しています。

> 此の日の談判には、初から御仕舞まで、此方は我輩一人其の衝に当つたので、其の他は唯傍聴人であつたが、三条（実美）、岩倉（具視）をはじめ、特に木戸（孝允）、大久保（利通）が一番我輩の才を少し変つた様に認めて、それから一層深く注目して呉れた様であつた。是が抑も薩長以外の出身の我輩が、突然中央に割込んで来て、兎に角一地歩を其の後の廟堂に占めるに至つた所以であつた。
>
> 大隈重信『早稲田清話』（冬夏社、一九二二年）

大隈も述べるように、パークスとの舌戦によって、大隈の存在は旧薩摩藩・旧長州藩にも広く知られるようになりました。なかでも、木戸孝允は、外国の抗議を堂々と受け止めた大隈の外交力を高く評価します。大隈は、井上に加えて、木戸にも認められたのです。

通貨改革

明治二（一八六九）年、大隈は参与として会計官御用掛に任命されました。それは贋貨の問題が、外交の懸案事項となっていたためです。贋貨とは、開国以来、金の海外流出により、江戸幕府および諸藩が鋳造した金の含有量を低くした金貨のことです。西欧の金本位制のもと、小判の形状が不便なことから対外決済に広く用いられていた二分金の贋貨鋳造が盛んに行われていたのです。明治政府が設置した貨幣司で鋳造された金貨もまた、自らの規定する貨幣の基準を満たしておらず、贋貨と呼ばれても仕方のないものでした。

大量の贋貨の流通は、物価を不安定にさせ経済に悪影響を与えます。一般の人々には真贋を見分けることは難しく、外国商人の中にも贋貨により損害を受ける者も出ていました。英国公使のパークスの呼びかけで、仏・伊・独の各国公使は、明治政府に贋貨一掃の措置を要求します。政府は、外国官副知事の小松帯刀に対応を命じましたが急病に伏し、小松が推挙した大隈に白羽の矢が立てられたのでした。

大隈は、各国公使と会談する一方で、贋貨整理案を策定します。そして、新通貨を発行し、太政官札（金札、紙幣）を正貨同様に通用させる、という新方針布告の準備を整えました。しかし、大久保利通は、薩摩藩が多くの贋貨を鋳造していたことの発覚を恐れ、大隈を妨害します。これに対して、木戸孝允は、大久保に手紙を送り、貨幣の流通の現状は「全身不随」で、このままでは明治維新は進まず、また薩摩藩が自ら贋貨製造を明らかにしなければ、維新における薩摩藩の名声は地に落ちる、と説得しました。

こうして大隈を中心に通貨改革が進展していきます。問題は外国人が所有する贋貨をどう処理するかにありました。大隈は、外務省への改編により外務卿に就いた沢宣嘉と共に、大蔵省の改編により就任した大蔵大輔として、パークスと予備会談を行います。そして、高輪接遇所で正式な会談を開催しました。これを「高輪談判」と呼びます。これにより、外国人の所持する贋貨を正貨と等価により交換することを了承するとともに、明治政府による自主的な通貨改革は、大隈案に沿って行われることが承認されました。こうして、明治二（一八六九）年、大蔵省の設置と共に造幣工場の建設が進められます。明治四（一八七一）年には、円を基本単位とし、補助単位として銭・厘を導入し、一円＝一〇〇銭、一銭＝一〇厘とする新貨条例が公布され、日本は近代的な貨幣制度を持つことになったのです。

なお、新貨幣の名称となった「円」は、丸い形状から中国で「銀圓（銀円）」と称されていたメキシコのドル銀貨、および香港造幣局の「一圓銀貨」に由来しています。したがって、中国の貨幣「元」である本来の名称も「圓」で、中国の紙幣には「圓」と明記されていま

大阪造幣局開業式。大隈も列席している（国立公文書館所蔵）

す。日本と中国の貨幣制度の淵源は、同一なのです。

2　築地梁山泊

財政・民政の掌握

大隈が「日本円」の創設の中心を担ったのは、財政を掌る財務省と、民政を掌る民部省を把握していたことによります。明治二（一八六九）年、明治政府の官制改革に伴い大蔵大輔に就任していた大隈は、その後ほどなく民部大輔にも任命され、大蔵大輔と兼任しました。財務省と民部省とは、その職務内容が近接しているため、大隈をはじめ井上馨・木戸孝允らは、両者の合併を主張していました。しかし、反対意見も多く、合併は実現しませんでした。それでも、大隈が両省の大輔を兼任したほか、伊藤博文も大蔵少輔と民部少輔を兼任したので、両省は協力して廃藩置県や地租改正などの新政府の根幹をなす財政・民政改革を推進していくことができました。

梁山泊

大隈は、明治二（一八六九）年、旧旗本の三枝七四郎の次女である綾子と結婚し、築地の旗本の戸川安宅の旧邸を政府から拝領しました。築地本願寺の脇にある約五〇〇〇坪の広さをもつ広大なお屋敷です。そこには、三〇名から五〇名の食客がいつも滞在しており、「築地梁山泊」と呼ばれました。梁山泊は、中国の歴史小説『水滸伝』で、北宋の徽宗朝の腐敗した政治に抵抗した宋江ら一〇八名の好漢が集まった場所です。このこめ梁山泊という言葉は、豪傑や野心家などが集まる場所のたとえとして用いられていました。大隈は、この邸宅について、次のように振り返っています。

築地は唯で貰つたのさ。我輩は明治の初に俄に公卿さんになつて江戸に上つて来たんだからな。其の時分には御公卿さんには皆只で屋敷を呉れたもんさ。西本願寺の直隣で約五千坪も有つたらうて、仲々大きな物だつた。建坪も余程あつて立派なものだつたよ。

大隈重信『早稲田清話』（冬夏社、一九二二年）

伊藤博文は、大隈邸のすぐ隣にある小邸宅に住み、井上馨は大隈邸にある小屋を借りていたので、大隈ら三人は、明治政府の進歩派、急進派として親交を結びました。書生暮しの気軽な二人は、大隈邸の裏口から入ってきては、台所で勝手に物を作らせて、自由に食っては帰り、朝から晩まで政治改革の議論に、口角泡を飛ばしていたと言います。

そのほか、のちに二度首相となる長州藩出身の山縣有朋、やがて大阪経済界の重鎮となる五代友厚、海援隊の生き残りで土佐藩出身である大江卓、東京日日新聞（のちの毎日新聞）の社長となる旧幕臣の福地源一郎、「日本資本主義の父」と称される旧幕臣の渋沢栄一、「日本近代郵便の父」と呼ばれ、東京専門学校・早稲田大学の建学に深く関わる前島密など、日本の近代化を指導する人びとが、大隈邸で常に議論し合っていました。全国各地から学生が集まり、天下・国家を論ずる早稲田大学の学風は、これが一つの起源となっているのかもしれません。

殖産興業

「築地梁山泊」に集まった者たちが、最も強く主張したことは鉄道の敷設でした。大隈は、伊藤博文と協力して、西郷隆盛らの鉄道より軍備を優先すべきとの反対を押し切っていきます。そして、鉄道の技術や資金については、イギリスの援助を受けました。パークスとの関係がここにも生かされたのです。

明治三（一八七〇）年、イギリスのエドモンド＝モレルが建築師長に着任し、本格的な工事が始まります。東京・横浜間の全線二九kmのうち、三分の一にあたる約一〇kmが海上線路になりました。海岸付近を通る路線のうち、田町から品川までの約二・七kmには、海軍用地を避けるため、堤を建設して線路を敷設しました。高輪築堤です。二〇一九年、高輪ゲートウェイ駅設置に伴う再開発により、その遺構が発見され、一部は大隈の故郷にある大隈記念早稲田佐賀中学校・高等学校に移築されました。

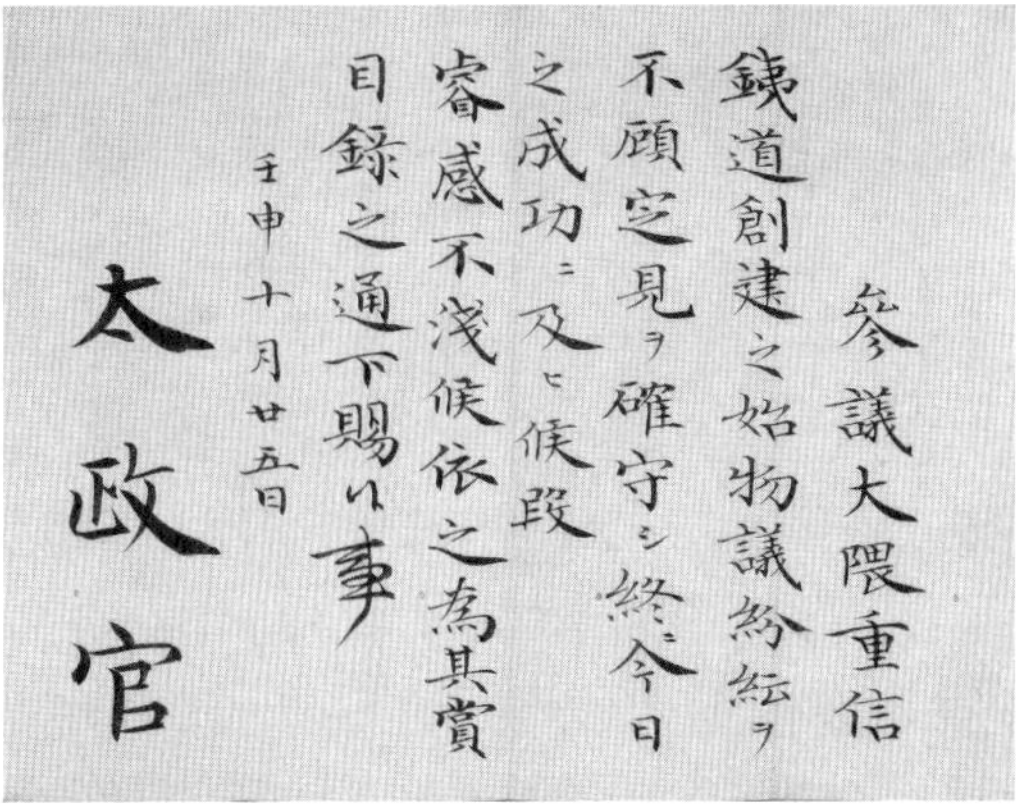
参議大隈重信
鐵道創建之始物議紛紜ヲ
不顧定見ヲ確守シ終ニ今日
之成功ニ及ヒ候段
睿感不浅候依之為其賞
目録之通下賜候事
壬申十月廿五日
太政官

鉄道敷設の功績に対する褒状（早稲田大学図書館所蔵）

こうして明治五（一八七二）年には、品川駅から横浜駅（現在の桜木町駅）間に鉄道が開業したのです。なお、日本は、明治五年に太陽太陰暦（旧暦）の使用を止め、明治六（一八七三）年から太陽暦を採用します。元号と西暦のズレもなくなりますので、本書も一八七三年からは西暦で表記します。

大隈は、鉄道敷設と並んで、電信の敷設も提案しました。明治三（一八七〇）年には、大阪から神戸までの電信が開通し、一八七三年には東京から長崎まで達しました。また、大隈は、各地の灯台建設にも力を注ぎました。貿易の発展には、海上交通の要となる灯台が必要でした。また、大隈は度量衡の制定にも関与しています。具体的には、前島密に命じて、度量衡の原器を定めさせました。前島には、郵便制度の調査も命じ、イギリスに視察に行かせました。明治四（一八七一）年、前島は駅逓頭に就任して、近代的な郵便制度を創設しています。

また、大隈は伊藤博文と協力して、工部省の設置に大きな役割を果たしました。そして、渋沢栄一の協力を得て、洋式の模範工場として明治五（一八七二）年、富岡製糸場を設立します。同年には、国立銀行条例により、国立銀行（国法によって立てられた民間の銀行）の制度を伊藤博文が創設しています。これは民間資本が、法律に基づいて銀行を設立して経営することを認めるもので、国が設立して経営した銀行ではありません。中央銀行である日本銀行は、一八八二年に開設されることになります。

こうして大隈は、殖産興業に努め、日本の近代産業の基礎を築いたのです。

中央集権化

大隈が進める殖産興業に対して、同じ佐賀藩の出身でありながら、副島種臣は、その急進的な改革を嫌い、反対の立場にたちました。また、近代化の資金を得るために、すべての直轄地に旧幕府領と同額の税金を課すなど、「仁政」よりも税収確保を優先する大隈の財政政策に対して、民力の休養を重要であると考える大久保利通たちは反対しました。具体的には、大蔵省と民部省が、ともに大隈・伊藤の指揮下に一体化していることを問題視し、その分離を主張したのです。

明治四（一八七一）年六月、大久保の主導する制度改革により、参議と少輔以上はすべて免官となり、新参議となった木戸孝允と西郷隆盛によって、新たな人事が行われることになりました。大隈は、参議と大蔵大輔を免ぜられましたが、四日後に大蔵大輔に再任されます。しかし、七月には参議となる代わりに、大蔵大輔は免ぜられます。十一月に岩倉具視を全権大使とする使節団が出国すると、大隈は留守政府において三条実美・西郷隆盛らの信任を得て、勢力を拡大し、大蔵大輔となっていた井上馨と対立するようになります。一八七三年、井上が辞職すると、大隈は、大蔵省事務総裁を兼ねて大蔵省の実権を手にしました。こうした権力闘争を繰り広げながら、大隈は殖産興業を推進したのです。

　また、大隈は、近代化のために国家の中央集権化を目指していました。明治四（一八七一）年、「大藩同心意見書」を岩倉具視に提出し、藩を州と改め、州・郡・県の三つを設置し、郡県制の体裁を採ることなどを提案しています。秦の始皇帝が始めた郡県制の上に州を置いたのは隋のときで、大隈が嫌った朱子学の成立した南宋では、州県制を取っていました。西欧にならって近代化を進めながらも、大隈が青年期に修めて身体化していた中国史の知識が具体的な政策として現れているのは、興味深いところです。

　こうした大隈の主張もあり、明治四（一八七一）年七月、明治政府は約三〇〇あった藩をそのまま国に直轄する県として、地方統治を中央管下の府と県に一元化します。廃藩置県です。二年前の版籍奉還によって知藩事とされていた大名は、藩収入の一割が約束される代わりに東京への居住が強制されていました。知藩事と藩士への俸給は、国が直接支払い義務を負い、のちに秩禄処分により削減・廃止されます。なお、藩の債務は国が引き継ぎました。

こうして大隈の「築地梁山泊」で天下・国家を論じていた若者たちの力により、日本は近代国家としての体裁を整えていくのです。

3　財政家

征韓論と佐賀の乱

一八七三年、征韓論をめぐり、明治政府は大きく分裂します。征韓論とは、幕末から明治初期に唱えられた朝鮮侵略論のことです。大隈は、これに反対でした。まだ、国内で改革すべき課題が山積しており、厳しい財政状況のもと、他国と戦争を起こすことはできないと考えたのです。

これに対して、旧佐賀藩の江藤新平や旧土佐藩の後藤象二郎は、旧薩摩藩の西郷隆盛が唱える征韓論は、朝鮮の開国そのものが目的ではなく、これを利用して、旧長州藩の勢力を政府から一掃することが真の目的であるとして、大隈に協力を求めます。大隈は賛同せず、江藤新平と決別することになります。明治政府においても、岩倉具視（いわくらともみ）の努力により、征韓論は否定され、西郷隆盛・板垣退助（いたがきたいすけ）・江藤新平・後藤象二郎・副島種臣（そえじまたねおみ）は、参議を辞職します。西郷を除く四参議は、愛国公党（あいこくこうとう）を設立し、一八七四年に、議会の開設を求める「民撰議院設立建白書（みんせんぎいんせつりつけんぱくしょ）」を提出し、自由民選運動の魁（さきがけ）となります。

一方、大隈は、佐賀に帰ろうとする江藤新平を止めました。士族の不満が高まっていたからです。それでも、佐賀に戻った江藤は士族に推され、一八七四年、明治政府に対して佐賀（さが）の乱を起こします。電信の情報力と汽船の輸送力・速度を活用した明治政府の素早い対応により、佐賀の乱は鎮圧されました。また、西郷隆盛を盟主として起こった反乱を明治政府が鎮圧した西南戦争（せいなんせんそう）は、一八七七年に起こります。これが明治政府に対する最後の武力抵抗となり、以後は議会を舞台とした政治闘争が繰り広げられていきます。やがて大隈は、その主役の一人となります。

台湾出兵と海運

明治政府に残った大隈は、一八七四年、三条実美より大久保利通と共に台湾問題の担当を命じられ、積極的に出兵する方針を推し進めることになります。明治四（一八七一）年、台湾に漂着した宮古島の島民が殺害される事件があり、清は台湾人は化外の民であり、政府の責任範囲ではない、としました。これに対して、日本は、犯罪捜査などを名目に出兵しようとしていたのです。大隈は、台湾蕃地事務局長官として、出兵のための船を閣議に図らず、大蔵卿の職権に基づき独断で確保します。そして、出兵を命ぜられた西郷従道と共に長崎に向かいました。その間に英・米からの抗議があり、出兵は一時見合わされました。ところが、西郷従道は独断で出兵を行い、政府もこれを追認します。大隈は、西郷を止めませんでした。そののち、大久保利通が早期撤兵の方針を取ると、大隈はそれに従います。

台湾出兵に際して、外国の汽船会社は中立の立場から輸送を引き受けず、明治政府系の帝国郵便蒸気船会社も利益無しとして輸送の任を受けませんでした。そうしたなか、岩崎弥太郎の経営していた三菱汽船会社だけが、輸送を快く引き受けました。そこで、政府は外国から買いつけていた船舶も三菱に預けて運用させます。台湾出兵の落着後、前島密の建策により、それらは三菱に譲与されました。同時に、政府は三菱に対して補助金を下付して、外国の汽船会社に支配されていた貿易に対して、日本企業が参入できる端緒としました。

これらの政策は、大隈の意見ではなく、前島の建議を大久保が採用したものでした。それでも、大隈と前島との関係もあって、大隈と岩崎はこれを機に親しく交わっていきます。財政を担当する大隈と、財界の雄となる三菱とは、こうして結びついたのです。

大久保と伊藤

財政家として日本の近代化を推進する大隈を支えた者は、大久保利通と伊藤博文でした。一八七四年、左大臣の島津久光は、政府の欧化政策を批判する中で、大隈らの罷免を求める意見書を提出します。大久保と伊藤は、共に辞職する姿勢まで見せて、大隈を支持します。ただし、一八七五年、大久保利通・木戸孝允・板垣退助らが大阪府に集い、今後の政府の方針と参議就任などの案件について協議する大阪会議が開かれましたが、大隈は呼ばれませんでした。大隈への反発は強まっていきます。

そうしたなか、大隈は一八七五年、三条実美に、条約改正の実現と間接税の重視、および内需の拡大と官営事業の払い下げなどを述べた意見書を提出しています。しかしながら、地租改正推進への反発などから大隈を嫌うようになっていた木戸孝允の復帰は、大隈の権力を掣肘します。このころから大隈は、体調を崩したとして出仕せず、三条・岩倉・大久保らは、大隈の大蔵卿からの解任を検討していました。しかし、後任候補の伊藤博文はこれを受けず、また大隈以上の財政家もいなかったことから、大隈を慰留して続投させます。それでも、木戸孝允と板垣退助は、大隈の辞

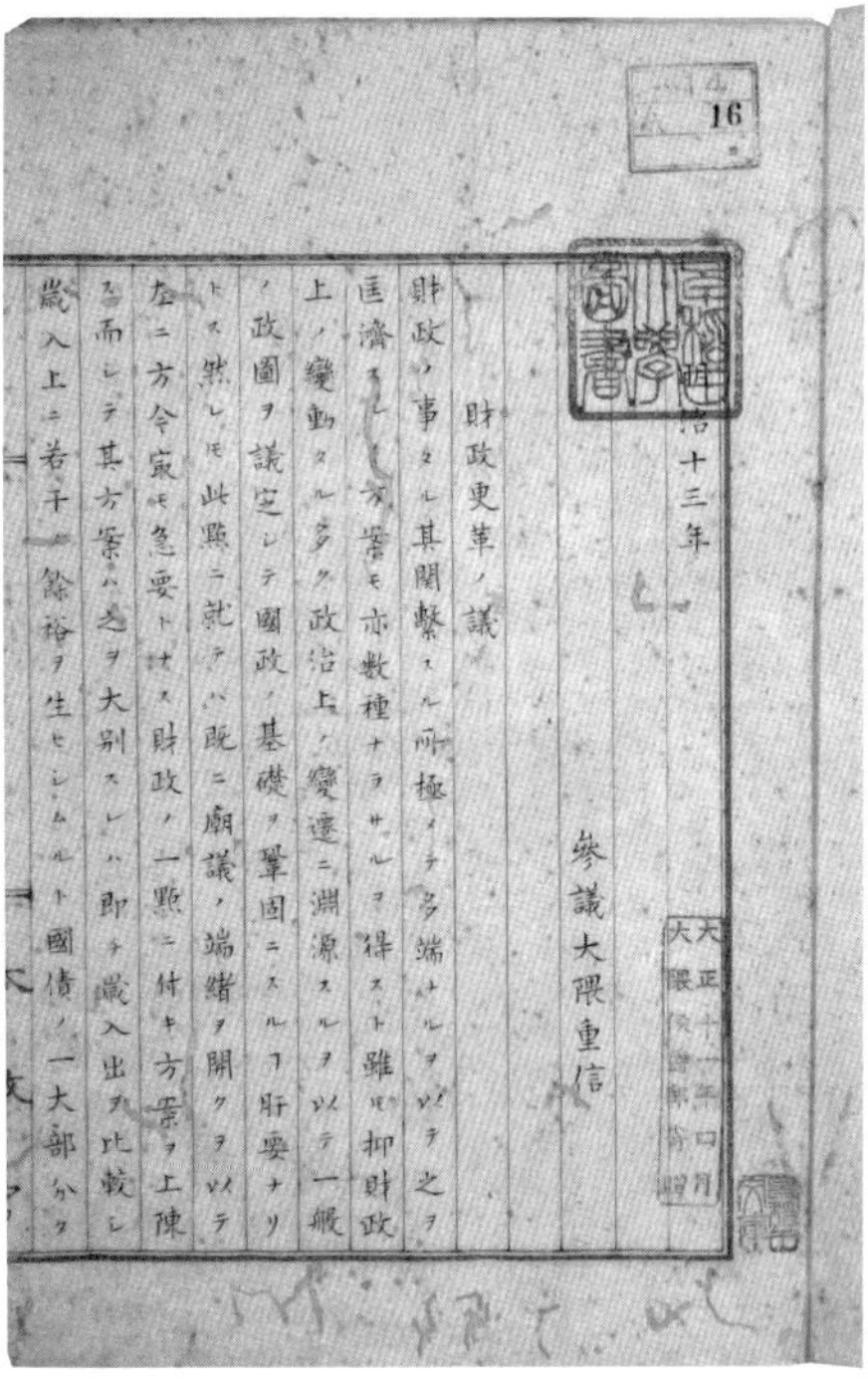
明治十三年
財政更革ノ議　参議大隈重信
財政ノ事タル其関繋スル所極メテ多端ナルヲ以テ之ヲ匡済スルノ方策モ亦数種ナラサルヲ得スト雖モ抑財政上ノ變動タル多ク政治上ノ變遷ニ淵源スルヲ以テ一般ノ政圖ヲ議定シテ國政ノ基礎ヲ鞏固ニスルコト肝要ナリトス然レモ此點ニ就テハ既ニ廟議ノ端緒ヲ開クヲ以テ茲ニ方今最モ急要トスル財政ノ一點ニ付キ方案ヲ上陳ス而シテ其方案ハ之ヲ大別スレハ即チ歳入出ヲ比較シ歳入上ニ若干ノ餘裕ヲ生セシムルト國債ノ一大部分タ

「財政更革ノ議」大隈が提出した財政改革案（早稲田大学図書館所蔵）

任を要求し、大久保が大隈を庇護する形となっていました。

一八七八年、大久保利通が紀尾井坂の変によって暗殺されると、政府の主導権は伊藤博文に移ります。大隈は、大久保暗殺を聞いた後、伊藤に、「君が大いに尽力せよ、僕はすぐれた君に従って事を成し遂げるため、一緒に死ぬまで尽力しよう」と述べたと言います。

財政の確立

大久保利通と伊藤博文が、大隈の支援を続けたのは、地租改正の完成に取り組み続ける大隈の財政家としての能力を評価していたからでしょう。

明治五（一八七二）年、陸奥宗光は、「田租改革建議」を上奏して、当時の大蔵大輔井上馨によって、神奈川県令から大蔵省租税頭に抜擢されました。そして陸奥は、租税権頭の松方正義と共に、地租改正法案の策定に当たりました。地租改正は、日本に初めて土地に対する私的所有権を確立するもので、土地制度改革としての側面を持っています。しかし、その一方で、農民の負担を高めるものでした。江戸時代までの貢租は米による物納制度で、農作物の豊凶により税収は変動しました。これに対して、政府は安定した収入を確保できるように、収穫量の代わりに、収穫力に応じて決められた地価を課税標準とし、税率を地価に対する一定率（三％）と定めたのです。三％は高額で、地租改正の推進派であった木戸孝允は、この税率を聞き、農民を幕藩体制よりもひどい状況に追い込むものであるとして、最後までこれに反対しています。

地租改正は、大多数の農民の負担を高め、また土地の所有者がいないため納税が困難な入会地は政府に没収されました。これらへの反発から、伊勢暴動、真壁暴動など地租改正反対一揆が頻発し、自由民権運動へも影響を与えました。このため、佐賀の乱などの士族反乱と、農民一揆との結合を恐れた大久保利通により、一八七七年に税率は二・五％に引き下げられました。これにより、江戸時代に比べて、平均二割程度の減税となりました。

一八七九年、大蔵卿の大隈は、地租再検の延期などの財政四件を建議します。一八八〇年には、耕地宅地の改正作業が完了し、約七年にわたる地租改正は完成するのです。また、大隈は、会計検査院創設のための建議も行っています。会計検査院も、一八八〇年に設立されました。また、一八八一年には、正確な統計の必要性を感じて、統計院の設立を建議・設立し、大隈は自ら初代院長となっています。

一八八〇年には、参議と各省の卿を兼任することが解かれ、大隈も会計担当参議となっていました。大隈は、佐賀の後輩である佐野常民を大蔵卿とし、財政に対する影響力を保とうとします。しかし、大隈が提案した外債募集案に佐野も反対したことで、大隈による財政掌握は終わりました。

こうして財政家としての大隈の役割は、終焉を迎えます。そして、このころから、伊藤博文・井上馨から大隈は冷眼視されていくのです。

4 政変

立憲政治家

西南戦争の後、大久保利通が暗殺されることによって、大隈は参議筆頭となっていました。それが、明治十四年の政変により、一朝にして野に追われたのは、大隈が財政家から自由民選運動に理解を示す、立憲政治家へと変わっていくことによります。大隈は、蘭学を修めたことからオランダ憲法に親しみ、英学に進んでからはアメリカ独立宣言に強い影響を受けていました。

明治維新により大隈が目指した財政の確立と中央集権化は、廃藩置県・地租改正などにより実現の目途が立ってきました。江戸時代までの日本を支えてきた封建制度の崩壊について、大隈は、次のように回想しています。

> また当時までは封建廃滅に対する種々の疑惑もあったが、これも一掃されてしまった。
> また徴兵制度に対する疑いは実に大なるもので、武士ならざれば百姓や町人がなんの役に立つものかと云う有様であったが、薩摩隼人と腕に覚えの勇者達を西郷が引き伴れても、ついに百姓や町人の徴兵と戦って負けてしまった。ここに国民皆兵の事実は明確に証明されて、我が国将来の軍隊組織の上に好個の教訓を与えたんである。
>
> 松枝保二編『大隈侯昔日譚』（報知新聞社出版部、一九二二年）

こうして大隈は、百姓や町人を含めたすべての国民が、兵になるだけではなく、政治の主役になることを目指していくのです。そのとき、大隈に大きな影響を与えた者が福澤諭吉でした。

福澤とその門下

慶應義塾大学の開祖である福澤諭吉と出会ったのは、明治六（一八七三）年のころであった、と大隈は回想しています。

明治六年の初対面までは、トント（福澤）先生に会ったことがなかった。会ったことがないだけではない。いわば食わずぎらいで、気にくわぬやつ、生意気なやつと、腹に思うばかりでなく、口に出しても云ったものだ。向うが云えばこっちも云う。勢い衝突する。その頃わが輩は、いささか権力のふるえる役人で、その上書生気風がぬけていなかったから、図太いことをいうと、福澤もまた偉そうなことを云って役人をくさす。両方で小しゃくにさわっていた。こんな犬猿の間柄で、一方は民間学者のあばれ者、もう一方は役人のあばれ者、これをかみあわせたらさぞ面白かろうと、いたずらどもが考えた。上野天王寺のある薩摩人の宅で、芝居でも見るような調子でわれわれを引きあわせた。それを知らずわが輩が出かけ、先生もまた出かけて来たらしい。そのとき、わが輩は三十五六、先生は四十になるかならぬかだ。お互いに、これは福澤だ、これは大隈だと引きあわされて、名のりあった。不思議なところで初対面がすんだが、だんだん話しこんでみると、元来傾向が同じであったから、犬猿どころか話があう。けんかはよそう。むしろ一緒にやろうじゃないかということになって、それから大分心やすくなった。義塾の矢野文雄、故藤田茂吉、犬養毅、箕浦勝人、加藤政之助、森下岩楠などという連中が、それからわが輩の宅に来るようになり、とうとういつの間にかわが輩の乾児になってしまった。

早稲田大学史編集所編、木村毅監修『大隈重信は語る』（早稲田大学出版部、一九六九年）

同じく福澤門下でありながら、別な筋から大隈の輩下に加わり、犬養と並んで「吾輩の関羽と張飛である」と大隈が愛した尾崎行雄をこれに加えることができます。犬養と尾崎は、のちに「憲政の神様」と呼ばれることになります。

大隈と福澤が急速に接近したのは、西南戦争後のインフレへの対策を通じてのことでした。福澤は、大隈の紹介により地方の富豪を大勢連れて、大蔵省の金庫を見学し、政府財政の信用を高めようとしました。また、福澤は、『通貨論』を著して、金銀よりも紙幣の方が通用に便利であり、政府に信用があれば、準備金が少なくとも紙幣の発行に不安がないことを論じています。大隈財政を言論により民間から後援しようとしたのです。

大隈は、福澤の優秀な門下生を政府の役人に就けていきます。最初に福澤から推薦された矢野文雄（龍溪）は、大隈が創設した大蔵省の会計検査局に勤務しています。こうして福澤門下の多数の俊英を得た大隈は、彼らを担い手として議会の開設を実現させようと考えていくのです。

自由民権運動

自由民権運動は、薩摩・長州という藩閥を中心に運営されている明治政府に対して、憲法の改正、議会の開設、地租の軽減、言論と集会の自由の保障などの要求を掲げたものであり、一八九〇年の帝国議会の開設ごろまで続きました。一八七四年、板垣退助たちが議会の開設を求める「民撰議院設立建白書」を政府に提出したことが、口火となりました。

明治政府は、自由民権運動の盛り上がりに対し、一八七五年には著作を通じて他人の名誉を毀損することを禁止する讒謗律、反政府的な新聞を取り締まる新聞紙条例を公布して、政府への批判を封じ込めようとしました。これに対して、自由民権運動側は、一八八〇年に国会期成同盟を発足し、国会の開設の請願を天皇に行うことを定めました。明治政府は、同年、集会・結社の自由を規制する集会条例などの言論弾圧の法令を出して対抗します。国会期成同盟は、自らの憲法を作ろうとし、一八八一年までに憲法の私案を持ち寄ることを決議しました。

議院内閣制の主張

こうした動向に対して、明治政府の中では、大隈と伊藤博文・井上馨とが国会開設に向けて、準備を進めていました。三人は、それぞれ福澤諭吉に、新聞の発行を持ちかけます。政府の主導で立憲政治を創設し、在野の民権運動を「駄民権」とさげすむ福澤に新聞を発行させることで、政府の立憲政治を支持する知識人層を作りあげ、在野の民権派の拠り所をなくそうとしたのです。しかし、議会開設のスケジュールと憲法の内容において、大隈と伊藤・井上とは大きく異なっていました。

一八八一年、大隈は、伊藤・井上、そして黒田清隆と共に熱海の温泉宿で立憲政体について語り合いました。四人の参議で意見を統一しようとしたのです。しかし、保守派の黒田がいたため、結論は出ませんでした。そののち、伊藤と井上は、議会開設に対する意見書を天皇に提出します。伊藤の意見書の内容は、国会創設は望ましいことではあるが、急いで行うのは望ましくない、というものでした。これに対して、大隈はなかなか意見書を提出しません。明治天皇は、左大臣の有栖川宮熾仁親王に催促させます。大隈は、ようやく意見書を提出しますが、ほかの者には決して見せないように、と申し添えました。

大隈の意見書は、一年後の議院選挙、二年後の議院開会という、急進的なスケジュールのものでした。しかも、選挙で最大多数を得た政党の党首に、天皇が内閣の組織を命ずる議院内閣制（政党内閣制）を主張していました。この意見書は、福澤が大隈に推薦した矢野文雄が起草したもので、アルフュース＝トッドの『英国議院政治論』を参考にしていました。

大隈の意見書は、当初はさほど問題視されませんでした。しかし、太政官大書記官の井上毅が、岩倉具視と伊藤博文に対して、大隈が議院内閣制を日本に導入しようとしていることを強く批判します。井上は、伊藤に対して、君主権力が強大なプロイセンのような憲法を導入することを訴えるとともに、大隈の意見書の背後に福澤諭吉がいることを述べ立て、危機感を煽りました。井上はやがて、伊藤のもとでプロイセンのような欽定憲法として、大日本帝国憲法の起草に従事し、のちに教育勅語の起草にも関与します。

伊藤は、大隈が自分に相談せずに、独断で議院内閣制を主張したことに、強い怒りを感じました。伊藤は、抗議のため政府に出勤しなくなります。大隈は、伊藤を訪問して、独断で意見書を奏上したことを詫び、福澤と結託したのではないと弁明します。伊藤は、大隈の弁明を受け入れ、いったん事は収まったかに見えました。

明治十四年の政変

一八八一（明治十四）年、自由民権派の『東京横浜毎日新聞』が、北海道開拓使による五代友厚への格安での産業・土地などの払い下げを報道し、世論が沸騰します。黒田清隆が同じ旧薩摩藩の五代に払い下げを提議したことが漏洩したためでした。参議の間では、この件をリークした者は大隈であるとの観測が広がり、大隈は孤立を深めることになりました。

折悪しく大隈は、明治天皇の地方への御幸に、有栖川宮熾仁親王や黒田清隆と共に同行することが決まっていました。大隈不在の間、伊藤博文と井上馨は、山縣有朋・西郷従道らと共に、三条実美や岩倉具視を説得して、大隈の排除を目指します。大隈は、福澤諭吉や三菱、さらには佐賀や土佐の民権派と組んで、払い下げ事件などで反政府感情を煽り、政権奪取を企てているとしたのです。

伊藤ら東京に残った政府の構成員は、大隈の罷免、そして憲法制定と九年後の国会開設、さらに払い下げの中止を合意しました。ただ、岩倉具視は、払い下げ中止には否定的で、大隈罷免にも消極的でしたが、伊藤や黒田が強く迫ったことで、大隈の罷免に同意しました。

明治天皇が帰郷すると、三条・岩倉の二大臣、伊藤・黒田らの六参議は、有栖川宮左大臣と密談し、大隈罷免について合意しました。これは同日中に、伊藤と西郷従道によって大隈に伝えられ、大隈は受諾します。大隈は後年、これを次のよう

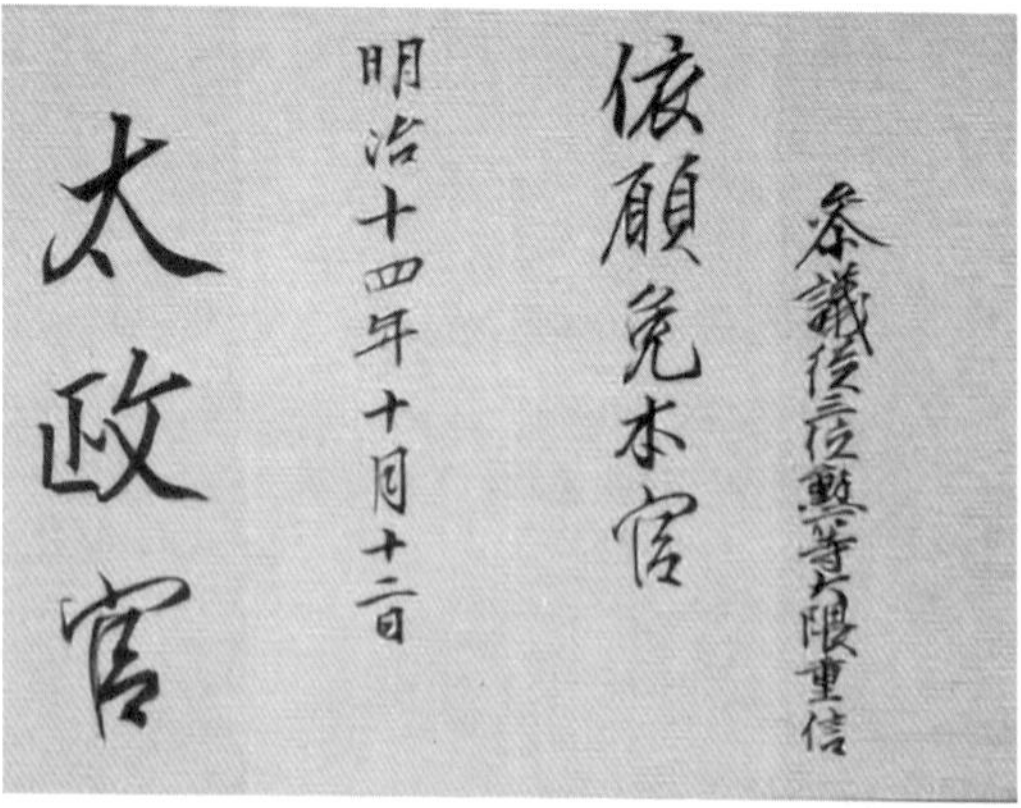
参議従三位勲一等大隈重信
依願免本官
明治十四年十月十二日
太政官

「免本官辞令」大隈を参議から罷免する命令書（早稲田大学図書館所蔵）

に回顧しています。

ちょうど明治十四年の十月十一日である。七十幾日間、先帝の供奉で、東北から北海道を巡って帰って来ると、その間に政府では種々方略を回らしたものとみえるが、還った日の即夜内閣会議を開いて、我輩を追放することを決し、なんでも夜中の一時頃であったと思う、参議の伊藤（博文）と西郷（従道）とが、我輩のところへ遣って来て、唯単純な言葉で「容易ならざることだから」とだけで、ドウか辞表を出してくれと云う。此方は多くを聞かずとも、その間の消息は大概分っている。「ヨシ明日我輩が内閣に出る。辞表は陛下に拝謁してから出す」と云ったら、これには両人ちょっと当惑したらしいが、直ぐにこれを止める訳にも行かぬ。しかし、流石にそれはいかぬと止めはしなかったが、我輩が宮中に行った時は、モウ門衛が厳重に遮って入れさせぬ。有栖川宮、北白川宮とは御巡幸中同行でもあったが、有栖川宮様に行けば、やはりここにも門衛を置いて固く門を鎖し、我輩の入るを拒絶すると云う始末。昨日まで供奉申し上げた陛下にも、御同行申し上げた宮様にも、今日は固めの門衛から拒絶されて御会いすることすら出来ないと云う、急転して体のいい罪人扱いとなってしまったんである。御免の辞令は司法卿の山田（顕義）が友人として持って来て渡してくれた。

松枝保二編『大隈侯昔日譚』（報知新聞社出版部、一九二二年）

大隈の辞任が公表されると、矢野文雄・小野梓ら大隈系の官僚や、農商務卿の河野敏鎌、駅逓総監の前島密らは辞職しました。翌年には、黒田が辞職し、政府内では伊藤を中心とする長州閥の主導権が確立されたのです。

第三章　政党内閣

東京専門学校第1回卒業記念、全校生徒と教職員（早稲田大学大学史資料センター所蔵）

1　東京専門学校

立憲改進党

明治政府の筆頭参議として、日本の「殖産興業」に努めてきた大隈は、明治十四年の政変により、一朝にして政府を追われます。そののち、大隈は早稲田大学の前身となる東京専門学校を創立して、担い手となる人材を育成しながら、政党を成長させて政党内閣を目指していきます。それは「隈板内閣」という成果を挙げますが、政党政治が日本に根付いたわけではありませんでした。

野に下った大隈は、辞職した河野敏鎌、小野梓、尾崎行雄、犬養毅、矢野文雄らと協力して国会開設に備えます。政党政治を実現する、という思いは下野しても変わらなかったのです。すでに、一八八一年に自由党は、板垣退助を総理（党首）に迎えていましたが、大隈がそれに合流することはありませんでした。大隈は、一八八二年に立憲改進党を結成し、その総理（党首）となりました。

立憲改進党の結党は、慶應義塾関係者の東洋議政会（三田派）、都市民権派の結社である嚶鳴社、小野梓を中心とする鴎渡会、河野敏鎌を中心とする修進会という四つの集団を中心に行われました。大隈に最も近い三田派は、矢野文雄を中心に、尾崎行雄・犬養毅らが名を連ね、『郵便報知新聞』（現・報知新聞）を握っていました。嚶鳴社は、遊説と組織活動により関東・東北地方に地盤を築き、沼間守一を中心に『東京横浜毎日新聞』を発行していた集団で、河野敏鎌との関係も持ちます。鴎渡会と修進会は、小さなグループでした。なかでも、鴎渡会は、小野梓が青年たちを率いて組織したもので、高田早苗をはじめ大半はまだ東京大学に在学中でした。しかし、小野梓は、大隈から信任を得て三派の取りまとめ役になりました。

立憲改進党は、政党内閣（議院内閣制）の実現を理念として掲げる点で、自由党に比べて明確な目標を掲げていました。趣意書には、王室の尊栄と人民の幸福のために急激な変革を避け漸進的に改良するとあり、イギリス流の立憲君主政治を目指しました。

大隈は、立憲改進党の結成とともに、早稲田大学の前身となる東京専門学校を設立していきます。将来の政党政治を担う人材を育成することを急務と考えたからです。これよりさき、大隈の長女熊子(くまこ)と結婚して、大隈家の養子となっていた大隈英麿(おおくまひでまろ)は、アメリカで天文学を修めていました。そのため、大隈は政変以前より、早稲田(わせだ)の別邸に理科系の小さな学校を設立することを考えていました。そこに小野梓が、鴎渡会に属する高田早苗をはじめとした東京大学の学生を紹介したので、かれらを講師に据えて、理科系だけではなく、政治・経済・法律を教授する学校を設立しようと考えたのです。

当時、専門的学問の教授機関は、東京大学だけでした。大隈と小野は、政党政治を担っていく人材を育成するために、政治学の教授を看板に掲げる学校を目指していくのです。

早稲田

一八八二年当時、大隈邸は雉子橋(きじばし)（現在の千代田区九段南一丁目）にあり、大隈はここを住居とし、早稲田を別荘としていました。小野梓・高田早苗らによる学校開校計画は、大隈の後援のもと、早稲田の地で現実化することになります。

大隈重信は、晩年、早稲田について次のように語っています。

この早稲田と云う土地は、むかし封建時代には大名の別荘などが稀(まれ)に在ったところで、我輩のこの邸は、高松の殿様松平讃岐守(まつだいらさぬきのかみ)の屋敷で、唯の一軒家であったんである。……いま学校の在るところは、井伊掃部頭(いいかもんのかみ)の別荘地で、井伊と松平の両家は親戚の間柄で、細い田舎道を挟(はさ)んで、往来していたんである。今ちょうどウチと学校とを見たようにナ。封建が廃滅(はいめつ)となって、一時開墾(かいこん)が流行した際に、掃部頭の旧領地は開墾されて、山東一郎(さんとういちろう)、並びに林伯(はやしはく)の実兄で、初めて我が国に西洋の医術を開いた松本順(まつもとじゅん)（松本良順）、この両

東京専門学校全景（早稲田大学大学史資料センター所蔵）

人が病院と学校を創めたことがあるんである。不幸にもその学校は目的を達する能わずして、または元の荒野となっていたのを、我輩が買い取った。しかし未だ常住のところとはせず、我輩は雉子橋の邸に住んでいたんである。

松枝保二編『大隈侯昔日譚』（報知新聞社出版部、一九二二年）

いま大隈庭園（おおくまていえん）となっている大隈邸は、高松藩主であった松平讃岐守の下屋敷、学校の所在地は井伊掃部頭の別荘地であったと言います。早稲田という地名に相応しい、都の西北に広がるのどかな田園地帯でした。

東京専門学校の開校

一八八二年九月九日、小野梓（おのあずさ）は、「東京専門学校規則（とうきょうせんもんがっこうきそく）」を大隈重信のもとに届けます。それを踏まえて十一日、大隈英麿（おおくまひでまろ）の名で「私塾設置願（しじゅくせっちねがい）」が、東京府知事の芳川顕正（よしかわあきまさ）に提出されました。「私塾」とは、私立学校の意味です。「私塾設置願」には、別紙として設置の目的、学科配当などを記載した書類が添付されていました。たとえば、設置の目的は、「政治経済学科・法律学科及び物理学科を以て目的とし、その傍ら英語学科を設置する。ただし、物理学科の科目は追って認可を経る」と記されていました。

東京専門学校は、第一に政治・経済学、法律学、理学、英語の速成教育機関とする、第二に政治・経済・法律・理学の教授は邦語（日本語）の講義で行う、第三に修業年限は三年（理学は四年）とし二学期制を取る、第四に名士を招いて科外講義を実施する、という四点を特徴としていることが、これらの書類から明らかになります。

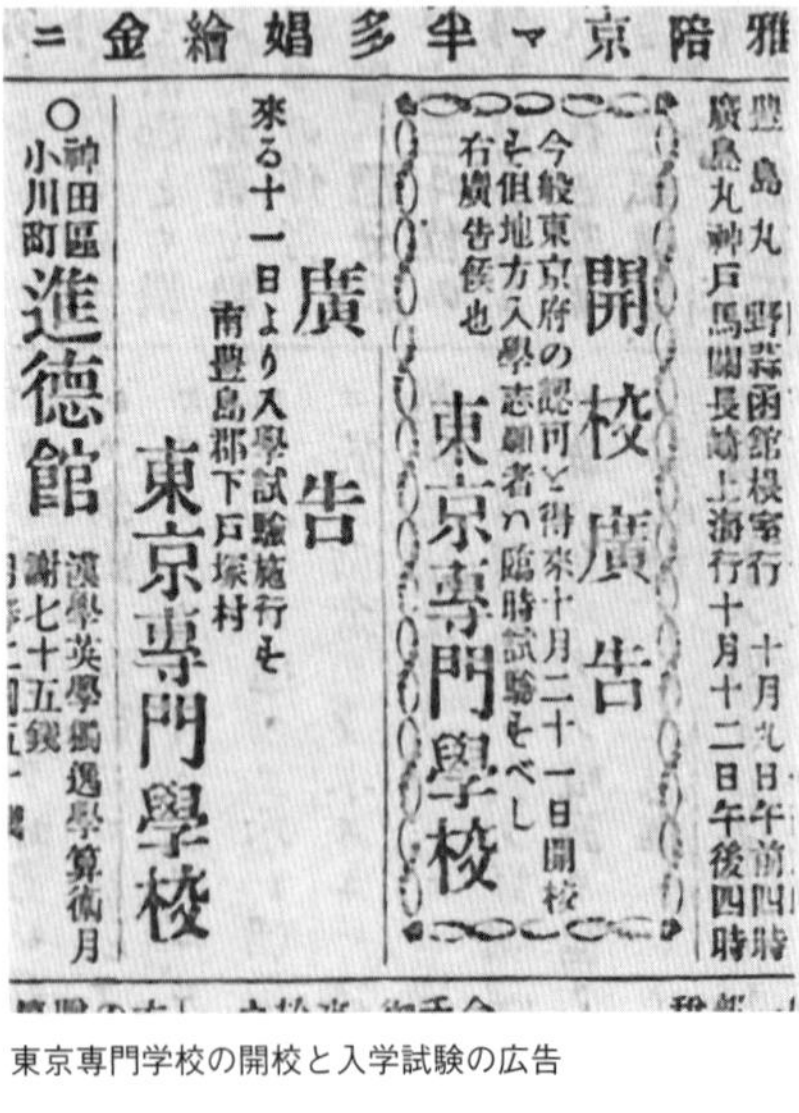

東京専門学校の開校と入学試験の広告

このの ち、立憲改進党系の機関紙である『郵便報知新聞』の附録に、「東京専門学校開設広告」が掲載・発表されました。広告の末尾に名を連ねているのは、校長の大隈英麿以下、議員（後の評議員）として鳩山和夫（もと東京大学法学部講師）・小野梓・矢野文雄（大隈の意見書の起草者）・島田三郎の四人、幹事の秀島家良、講師として岡山兼吉（法学士）・山田喜之助（同）・砂川雄峻（同）・高田早苗（文学士）・山田一郎（同）・天野為之（同）・田中館愛橘（理学士）・石川千代松（同）・田原栄の九人でした。これが、開校に臨む東京専門学校の人的な構成でした。

一八八二年十月二十一日午後一時、東京専門学校の開校式が始まりました。講堂には、来賓として東京大学の外山正一（社会学者）・菊池大麓（数学者）・エドワード＝モース（大森貝塚の発見者）ら、慶應義塾の福澤諭吉・小幡篤次郎（『学問のすすめ』初版の共著者）、政界（立憲改進党関係者）の河野敏鎌・前島密・北畠治房ら数十人が列席しました。ただし、開校式に大隈重信の姿はありませんでした。大隈は、創設者として多大な金銭を出資しながら、自らの政治的立場と学校との関係の誤解を避けるために、開校式にあえて出席せず、役員にも名を列ねていません。その後も、学校の運営や教育の内容について、干渉がましいことはしませんでした。

来賓・学生などを前に、最初に校長の大隈英麿が「開校の詞」を朗読しました。校長は、

「新主義の学」を実際に「応用」する「速成」教育の正科と、「深く其の蘊奥を極め」る原書教育の英語科を設けることを述べました。学問の「応用」と学問の「独立」を掲げて、東京専門学校は開校したのです。成島柳北の祝辞に続いて、小野梓が演壇に立ち、「学問の独立」を高らかに宣言します。

学問の独立

開校式で小野梓が行なった演説は、東京専門学校、そして早稲田大学の建学の理念を明らかにしたものであり、早稲田大学が将来に向けて継承・発展すべき基本精神となっています。詳細は第五章で扱うことにして、ここでは、「学問の独立」という理念が持つ、二つの意味を確認しておきます。

「学問の独立」とは、第一に、外国の学問からの日本の学問の独立です。外国の学問の受け売りを止め、自国の言語で学問を修めなければならないとしたのです。小野が述べる学問の独立は、国民精神の独立、国民の独立を通じて、一国の独立に繋がっていました。そして、小野は、学問の独立の達成のために、邦語（日本語）教育を掲げます。東京大学が日本人の講師も外国語で授業しているなか、東京専門学校は、東京大学と同等の高等な学問を外国語ではなく、日本語を用いて教授し、それにより有為な人材をいち早く世に送り出そうとしたのです。

「学問の独立」とは、第二に、政治権力からの学問の独立です。それは、東京専門学校の創立が、大隈重信、小野梓以下の立憲改進党の指導部によるためです。これは、表面的に見れば、明らかに立憲改進党による学校の創設でした。そうであるからこそ、逆に学問と政治活動との区別、政党からの学校の独立を強調して、基本的な立場を明確にしておかなければならなかったのです。

存続の危機

東京専門学校は、政治経済学・法律学・英学・理学の四学科を設置しましたが、理学科は学生が集まらず廃止されました。そののち、小野梓の親友である坪内逍遙（坪内雄蔵）を中心に、日本最初の純粋な文学研究学科として文学科が設置されていきます。

しかし、官学中心主義をとる政府は、東京専門学校が「学問の独立」を謳っていたにもかかわらず、これを立憲改進党系の学校とみなし、私立校への判事・検事および大学教授（当時、大学は東京大学のみ）の出講禁止など、さまざまな妨害や圧迫を加えたのです。大隈は、このことを次のように回想しています。

> 学校が少しづつ隆盛になつてゆくと、薩長政府は、ひどくそれを喜ばなかつた。……世間では政治上の目的の為に、学校を設けたと誤解して、為に最初、学校の発達は甚だ遅緩であつた。
>
> 大隈侯八十五年史編纂会（編）『大隈侯八十五年史』（編纂会、一九二六年）

政府の圧迫により、東京専門学校は講師の確保にも窮するほどの状態が続き、新設の英吉利法律学校（中央大学の前身）との合併話が持ちあがるほどであったと言います。それを支えたのは、大隈家の私財と旧主鍋島家からの後援でした。しかし、条約改正のため、政府が大隈を必要とするようになると、東京専門学校への風当たりが弱まっていきます。

やがて、東京専門学校は、大学への昇格を展望して組織を改編し、一九〇二年に早稲田大学への改称が認可されます。ただし、その時点では、早稲田大学は、制度上の大学（旧制大学）ではありませんでした。一九〇四年、専門学校令に準拠する高等教育機関（旧制専門学校）となり、一九二〇年、大学令により正式な大学となったのです。なお、大学令により、私立大学として最初に認可されたのは、早稲田大学と慶應義塾大学の二校だけでした。

2　条約改正

立憲改進党と黒田清隆

東京専門学校が政府の妨害に苦しんでいたころ、立憲改進党もまた苦境にありました。共に自由民権運動を担うはずの板垣退助の自由党と連携ができず、組織改革をめぐって紛糾していました。大隈は、河野敏鎌と共に一時的に立憲改進党から脱退します。

こうしたなか、大隈は黒田清隆と接近します。黒田が大隈に接近した背景には、東アジア情勢の緊迫化がありました。一八八四年の甲申政変では、日本の後援を受けた朝鮮開化派が、閔氏政権の打倒を企てましたが、清により鎮圧され、日本の公使館は焼かれています。大隈は、対朝・対清への強硬的な国民世論の中、速やかな関係回復を目指す伊藤博文や井上馨(かおる)の政変の処理に信頼を寄せ、ナショナリズムの盲動に批判的でした。これを機に、黒田だけでなく政府全体が、大隈への認識を改めていったのです。

一八八七年、渋沢栄一(しぶさわえいいち)は、資金難に陥っている大隈を救うべく、雉子橋(きじばし)にあった大隈邸のフランス公使館への売却を仲介します。そのとき政府は、これを支持しています。こうして、大隈は経営難に苦しんでいた学校経営を軌道に乗せることができました。前年の一八八六年、小野梓(おのあずさ)を病で失い、「両腕を取られたよりも悲しく思」って、たいへんな痛手を受けていた大隈は、渋沢の協力により、少し前を向くことができたのでしょう。

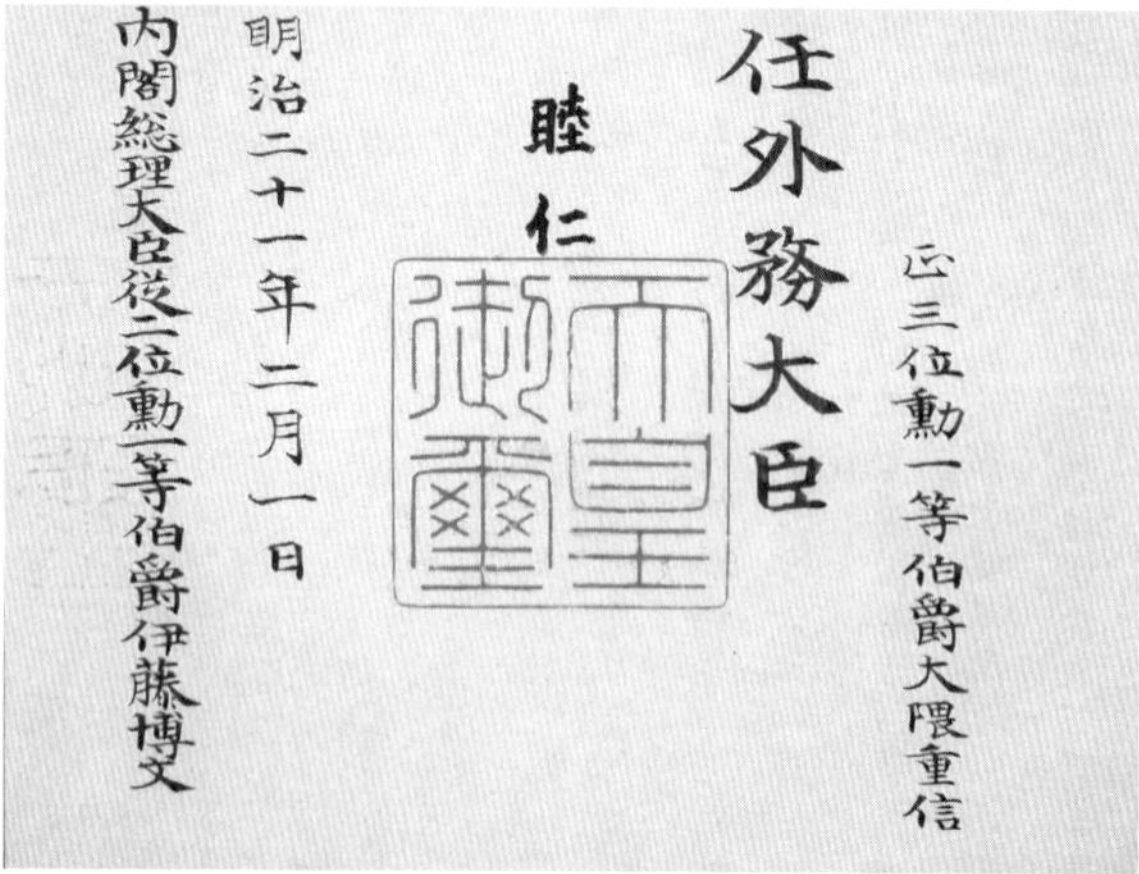
正三位勲一等伯爵大隈重信
任外務大臣
睦仁
天皇御璽
明治二十一年二月一日
内閣総理大臣従二位勲一等伯爵伊藤博文

外務大臣辞令。条約改正を託される（早稲田大学図書館所蔵）

外務大臣

一八八七年、条約改正交渉で行き詰まった井上馨は、外務大臣を辞し、後任として大隈を推薦します。井上は、条約改正案のなかに、外国籍の判事と検事の採用、法典の外国による承認などを含ませていましたが、それが屈辱的であると輿論から批判されたのです。

一八八五年より日本国の初代総理大臣を務めていた伊藤博文は、大隈に接触して外務大臣への就任を求めます。しかし、大隈が、外務省員を自らの要望により代えることを要求したため、交渉は進みませんでした。伊藤は、一芝居うって、大隈の要望書をストーブに入れて焼いたとも言います。ようやく、一八八八年、大隈は外務大臣に就任しました。

大隈は、三菱の岩崎弥太郎の娘と結婚していた加藤高明を外相秘書官に抜擢します。また、河野敏鎌、佐野常民を枢密顧問官として復帰させ、前島密を逓信次官、北畠治房を東京控訴院検事長に就任させるなど、大隈派を政府に戻していきます。

同年、枢密院議長となった伊藤に代わって、黒田清隆が第二代の総理大臣に就任すると、大隈は外務大臣に留任します。大隈は、井上の条約改正案が屈辱的との批判を受けたことから、民法などの諸法典を日本が主体的に制定することを打ち出し、最恵国待遇の改善など、諸外国に対して強硬な姿勢を取りました。それでも、大隈案は、屈辱的・売国的条約改正案である、との批判が高まります。外国人判事を大審院に任用するという案が「官吏は日本国籍保持者に限る」とした大日本帝国憲法に違反するという指摘は、陸奥宗光駐米公使からもなされており、それが売国的であるとされたのです。

右足を失う

それでも、大隈は条約改正に努めていました。ところが、一八八九年、大隈は、右翼玄洋社のテロリストである来島恒喜に、爆弾による襲撃を受けます。大隈は、一命はとりとめたものの、右脚を大腿下三分の一で切断することとなりました。大隈の治療は、日本の近代医学の礎を築いた池田謙斎を主治医とし、手術は外科医学の第一人者である佐藤進、脚気の撲滅に尽くした東京慈恵会医科大学の創設者高木兼寛、橋本左内の弟である橋本綱常、エルヴィン＝フォン＝ベルツの執刀で行われました。

大隈が襲撃された翌日、東京に在留していた薩長出身の閣僚すべてが、条約改正延期に合意します。黒田清隆も、条約改正延期を上奏して、大隈以外の閣僚と黒田の辞表を取りまとめて提出しました。大隈は、病状が回復したのちに辞表を提出し、大臣の前官礼遇を受けるとともに同日に枢密顧問官に任ぜられました。

黒田の後任には、大隈の外相就任に反対し、政党に対して強い警戒心を持つ山県有朋が就きました。ここに大隈の立憲改進党は、与党として来る総選挙・議会開設を迎えることができなくなったのです。

3　隈板内閣

憲法の制定と議会の開設

一八八九年に交付された大日本帝国憲法は、ドイツの影響を受けた天皇主権の欽定憲法でした。大隈は、議会による法案起草の権利と、天皇に対する上奏権、そして議院内閣制の規定を憲法に盛り込む運動をしました。このうち前二者は、憲法に盛り込まれており、大隈は自分の運動によって実現した、と述べています。

一八九〇年には、貴族院と衆議院の二院から成る帝国議会の開催のため、総選挙が行われました。大隈の立憲改進党は、第一回衆議院議員総選挙において、三〇〇議席中四六議席しか獲得できず、地租軽減を共同の目的に、自由党系で一二八名を当選させた自由党と共闘していくしかありませんでした。しかし、一八九三年ごろから、自由党と対立が広がります。一八九四年からの日清戦争で国権の拡張を主張することで、立憲改進党は急激に支持を広げ、党勢を回復します。そして、一八九六年には、立憲革新党・大手倶楽部など国権派と合同して進歩党を結成し、立憲改進党は正式に解党します。

進歩党において、大隈は中心的存在とされましたが、党首職はなく、五人の総務委員のうち大隈派と呼び得るのは、尾崎行雄と犬養毅に止まっていました。大隈は、明治維新後、はじめて佐賀に帰り、大規模な演説会などを催しています。このころから大隈は、民衆に直接働きかけ、輿論の支持を得るようになっていきました。

松隈内閣

一八九六年、第二次内閣を組んでいた伊藤博文は、井上馨の進言により、大隈と松方正義を入閣させて、挙国一致の体制を取り、実業家層の支持を得ようとしました。同時に、すで

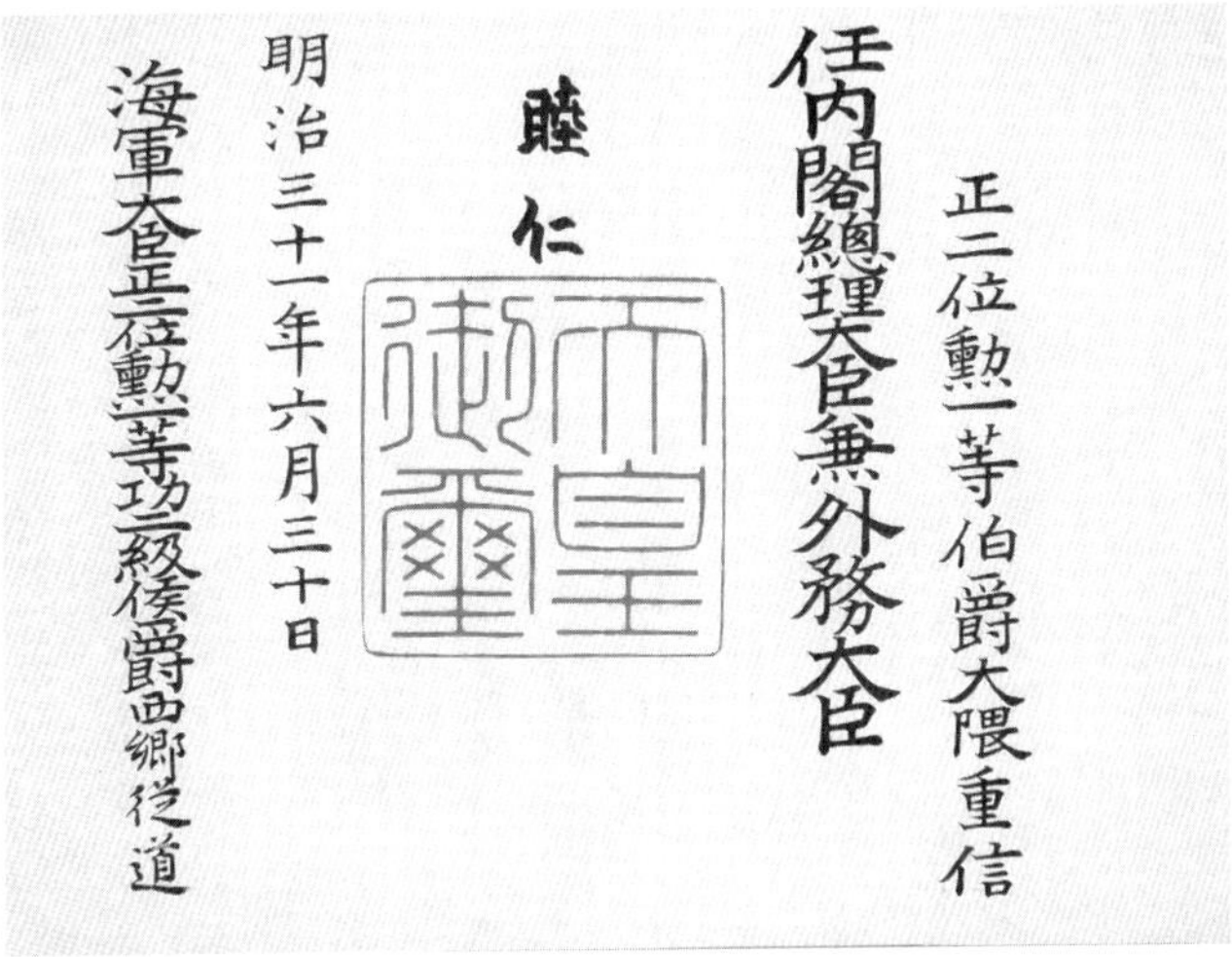

正二位勳一等伯爵大隈重信
任内閣總理大臣兼外務大臣
睦仁
天皇御璽
明治三十一年六月三十日
海軍大臣正二位勳一等功二級侯爵西郷従道

内閣総理大臣辞令。日本初の政党内閣である（早稲田大学図書館所蔵）

に内務大臣を務めていた板垣退助の自由党勢力を抑えようとしたのです。板垣は大隈の入閣に反対し、松方は入閣の条件として、大隈の入閣を求めました。三菱の岩崎弥太郎の弟である弥之助の仲介により、大隈と松方は会談をし、連携していたのです。

松方は、結局入閣を拒否して、伊藤は辞任します。元老会議では山縣有朋が推薦されますが、辞退しました。そこで元老会議は、松方を推薦し、第二次松方内閣が発足します。これを松隈内閣と呼ぶのは、大隈が外務大臣として松方を支えたからでした。大隈は、外交の予算を増額する一方で、秘密外交を改めていくことを宣言します。また、新聞紙条例を改正し、言論への抑圧を弱め、金本位制を確立することに尽力しました。

一八九七年、足尾銅山鉱毒事件で批判を受けていた榎本武揚農商務大臣が辞職すると、大隈は農商務大臣を兼ねることになりました。大隈は、進歩党員を農商務省に送り込み、古河鉱業に鉱害対策の徹底を求めました。

しかし、松方が地租の増徴を図ると、大隈と進歩党はこれに反対し、大隈は辞表を提出します。松方内閣は倒れ、後継首相は伊藤博文となりました。伊藤は、大隈に農商務大臣、板垣に法務大臣として入閣を求めます。これに対して、進歩党は大隈を内務大臣とし、さらに重要大臣のポストを三つ要求するなど、強気の対応を行いました。板垣も入閣せず、第三次伊藤内閣は、政党の支援を得られない、超然内閣となりました。

なお、この年、大隈は東京専門学校の創立十五周年式典に参加し、卒業生に演説を行っています。大隈が、東京専門学校の公的な式典に参加したのは、これが初めてでした。演説は、第四章で扱うことにします。

政党内閣

一八九八年、第五回衆議院総選挙で、進歩党は第一党となりますが、過半数を押さえられませんでした。そこで、進歩党は、板垣退助の率いる自由党と合同して、憲政党を結成します。伊藤首相は、大隈と板垣に政権を委ねるよう上奏しますが、明治天皇は伊藤内閣が存続し、大隈と板垣が入閣するものと勘違いして、これを裁可しました。明治天皇は、やがて勘違いに気が付きましたが、大隈と板垣の二人に対して、組閣の大命を下します。板垣が内務大臣の地位を望んだため、大隈は内閣総理大臣兼外相となりました。

こうして、六月三十日、第一次大隈重信内閣が成立したのです。陸海軍大臣を除く大臣は、すべて憲政党員である日本最初の政党内閣です。大隈と板垣が主導する体制であったため、「隈板内閣」と呼ばれます。大隈が、明治維新以降目指してきた政党内閣がここに成立し、大隈は政治的な志を達成したのです。

大隈は、政党内閣の首相となり、憲政党は衆議院の三分の二を占めていました。大隈が、自らの理想を実現する条件は整っていました。しかし、「隈板内閣」は、短期間で崩壊します。それはなぜなのでしょうか。

主権者である明治天皇は、過去の経緯から大隈に対して不信感を持っていました。また、外務大臣などポストの配分を巡って、旧進歩党と旧自由党の間には、厳しい対立が生まれていました。さらに、旧自由党の星亨は、駐米公使を辞任して帰国し、野合にすぎないと批判する憲政党内閣の倒閣にむけて動き出します。こうした不安定な状況のなか、文部大臣尾崎行雄の「共和演説」事件が起きるのです。

尾崎は、拝金主義を批判する文脈の中で、日本に仮に共和政治があれば、恐らく三井・三菱は大統領の候補になるであろう、と発言します。これが主権者である天皇への「不敬」であると、星亨などから厳しく批判されたのです。大隈は、尾崎を参内させ、天皇に粗忽を謝罪させますが、そこで尾崎が言い訳じみた発言をしたため、板垣までもが尾崎を批判します。辞任する尾崎の後任に、大隈が犬養毅を据えようとすると、板垣は辞表を出します。大隈は、旧進歩党による単独内閣を目指しますが、明治天皇は、自分は大隈と板垣の二人に組閣を命じたとして、大隈の単独内閣を認めませんでした。こうして、日本初の政党内閣は、成果らしい成果を残さず崩壊したのです。

ただし、支那保全論を提唱したことだけは、成果に数えてよいでしょう。大隈は、中国の近代化は、地理的にも文化的にも近い日本にこそ、それを扶助すべき使命がある、と考えていました。そして、中国で最初に立憲君主政を目指した変法自強運動を展開し、西太后に敗れて日本に亡命していた康有為・梁啓超を保護し、いずれは中国政界に復帰して、再び近代化を成し遂げられるように期待していました。それが、早稲田大学の清国留学生部へと繋がっていくのですが、それは第六章で述べることにしましょう。

憲政本党

「隈板内閣」の崩壊後、旧自由党は新しく憲政党をつくり、山縣有朋内閣と提携します。これに対して、旧進歩党は憲政本党を結成しました。大隈は、党の中心的人物でしたが、内紛のため党首は置けませんでした。これに対して、伊藤博文は、一八九九年、旧自由党と共に立憲政友会を結成します。このとき、大隈の側近であった尾崎行雄は脱党し、立憲政友会に参加しています。一九〇〇年、大隈は憲政本党の党首である総理に就任しますが、立憲政友会に押されて党勢は振るいませんでした。一九〇二年、伊藤と大隈が会談し、憲政本党と立憲政友会の合同、大隈の蔵相就任も噂されましたが、幻に終わっています。

こうしたなか、党体制の改革を求める声が高まり、大隈の引退ないし元老化を求める動きが活発となります。大隈は、一九〇七年、憲政本党の総理の辞任を発表しました。このとき、東京専門学校は早稲田大学に改称してから、五年が経っていました。早稲田大学の幹部たちは、大隈を大学の表舞台に擁立し、その名声と国民的な人気を早稲田大学の発展に活用したいと考え、大隈を総長として迎え入れます。それでは、大隈を総長に迎えるまで東京専門学校は、どのように早稲田大学へと発展したのでしょうか。

4　早稲田大学への発展

初代校長 大隈英麿（一八八二〜一八八六年）

一八八二年に、政治科・法律科・理工科の三科で出発した東京専門学校は、ほどなく理工科が廃止されました。費用のかかる理工科を私立に設置するのは、なかなか難しいものです。それでも、理工科を設置したのは、初代校長の大隈英麿が、理学を修めていたからです。

第十四代盛岡藩主南部利剛の次男として生まれた英麿は、ダートマス大学で天文学を専攻、のちプリンストン大学で数学を修め、理学士となっています。帰国後、大隈重信の長女である熊子と結婚し、大隈家の養嗣子となりました。内務省地理局や外務省に勤務しましたが、明治十四年の政変により、重信と共に下野しました。そして翌年に成立した東京専門学校の初代校長に就任したのです。

英麿は、一八八六年に東京専門学校の校長を辞任した後、一八九六年に早稲田尋常中学校を重信らと設立し、初代校長に就任しました。また、一九〇一年に設立された早稲田実業中学の初代校長をも兼任しています。当時の生徒によれば、「極めて温厚な紳士であった」と言います。しかし、翌年、熊子と離婚し、早稲田との関係も絶ちます。それは、他人の負債の保証人となった迷惑が、大隈や早稲田に及ぶのを避けるためでした。

第二代校長 前島密（一八八七～一八九〇年）

前島密は、すでに本書で何度か触れています。最も有名なのは、日本における近代郵便制度の基礎を確立したことで、一円切手の肖像になっています。幕臣であった前島が民部省、大蔵省に出仕した際の上司が、民部大輔・大蔵大輔を兼任していた大隈でした。明治十四年の政変の際には、内務省駅逓総官の職を辞し、立憲改進党の結成に参画しています。

前島は、大隈英麿のあと、形式的には評議員会によって、校長に推薦されましたが、市野彌三郎（編）『鴻爪痕―前島密伝』（前島彌、一九二〇年）によれば、最も困難な時に自ら奮って校長となることを大隈伯まで申し込み、自ら校長になったと言います。

一八八九年より、逓信次官を兼職して多忙を極めたため、一八九〇年に校長の職を退きましたが、その後も実業界で活躍する一方で、早稲田の運営に携わりました。なかでも、大学の寄付金募集事業に、大きく貢献しています。前島が早稲田に投じた私財は、約二万円に上ると言います。一九一二年当時、早稲田大学の学費は文科系五〇円、理科系五五円でした。前島の早稲田に対する思い入れの強さが分かると思います。

創立十五周年演説

大隈重信は、外相在任中の一八九七年七月、第三代校長鳩山和夫のもと行われた、東京専門学校創立十五周年式典と同時に行われた得業証書授与式（卒業式）に参加し、卒業生に対して、次のような演説をしています。

卒業生諸君は数年勉強の結果、今日この名誉ある得業の証書を貰って初めて社会に御出になるのは、まずいわば複雑なる社会に於て勇戦奮闘する初陣である。ところがなかなか初陣というものはよほど六ケしい。どうも諸君が向うところには種々の敵が沢山ある。種々の伏兵にも出会う。いま近衛公爵の御話の通りに道徳の腐敗あるいは社会の元気の沮喪などという、これは最も恐るべき敵である。既に出陣しない前に敵が現れて来ているのだ。この敵に向って諸君は必ず失敗をする。随分失敗をする。また成功があるかも知れませぬけれども、成功より失敗が多い。失敗に落胆しなさるな。失敗に打勝たなければならぬ。たびたび失敗するとそれでこの大切なる経験を得る。その経験に依って成功を以て期さなければならぬのである。ところでこの複雑なる社会の大洋に於て航海の羅針盤は何であるか。学問だ。諸君はその必要なる学問を修めたのである。しかしながらなかなかまだ初歩なのである。……すべての仕事をなすと同時に手に巻を持っておらなければならぬ。本を持っておらなければならぬ。これを止めたならば誰でも直ちに失敗をして再び社会に勢力を得ることの出来ないようになってしまうのである。まずこの一言を以て諸君を戒めておきます。

『早稲田学報』五、一八九七年

卒業式という、おめでたい会の演説で、「諸君は必ず失敗をする」と言われた卒業生たちは、さぞ驚いたことでしょう。演説の名手と言われた大隈の「つかみ」の話術は一流です。そして、その失敗を乗り越える方法として、大隈は、「羅針盤」である「学問」を止めてはならぬ、と述べています。学問を止めれば、失敗から立ち上がれず、「再び社会に勢力を得ることが出来」ない、と大隈は自らの経験を踏まえて述べるのです。ここには、多くの失敗を乗り越えた来た大隈の思いが込められています。

第三代校長 鳩山和夫（一八九〇〜一九〇七年）

現在、鳩山和夫は、戦後に首相となった鳩山一郎（首相となった民主党の鳩山由起夫の祖父）の父として知られます。しかし、早稲田大学校長となった当時においては、俊英の法学博士として名高い人物でした。若くして文部省派遣のアメリカ留学生となり、コロンビア・

イェール両大学で学位を取り、東京大学講師（後に教授）、代言人（弁護士）を務めていました。そして、政党政治への理想に共鳴して、大隈重信が創設した立憲改進党に参加、大隈系政党の代議士として活躍し、一八九六年には衆議院議長に就任しています。東京専門学校の現役の校長のままです。政治家が生きた政治・経済や法律を教える、ここに東京専門学校の強みがありました。

また、一八九一年には、坪内逍遙を中心に文学科を設立しました。こうした努力により、一九〇一年の時点で、東京専門学校は、卒業生は二三〇〇名以上、在学生は一〇〇〇名以上を数える、一大教育機関に成長していたのです。

早稲田大学の成立

大隈は、創設時から東京専門学校をいずれは大学にしたいと思い、複数の学科を置いてきました。約二年前からの準備の後、一九〇二年十月、東京専門学校は、早稲田大学へと名称を変更します。法制上は、専門学校の扱いでしたが、一年半の予科を備え、大学部三年を経たのちは学士の称号を授与する、大学としての実質を持つ学校へと発展したのです。一九〇四年には商科、一九〇九年には理工科を設置し、早稲田は総合大学としての実質を整えていきます。

一九〇二年の早稲田大学の開校式において、大隈から招待を受けて出席した伊藤博文は、次のような祝賀演説を行っています。

　此東京専門学校を以て（大隈の）政党拡張の具となさんとするものの如く誤り見たるものが多いと云ふ一事であります。これは大隈伯爵の識量を誤認したものと認める。大隈伯爵は、政治・教育共に熱心である

早稲田大学開校式で祝辞を述べる伊藤博文（早稲田大学大学史資料センター所蔵）

が、素より政治と教育の別を知つて居られる。学校教育の事業は之を政治の外に置き、教育機関を濫用して党勢拡張の具とするの策は、断じて取られなかつた事は明らかに認める。これは世の中の具眼の人は分つて居るか知らぬが、多くは之を誤解して居つた。

山本利喜雄（編）『早稲田大学開校東京専門学校創立二十年記念録』（早稲田学会、一九〇三年）

伊藤博文はこのように述べ、東京専門学校を大隈が政治の道具に用いようと誤った見方をする者が多かった、と述べたのです。大隈は、これを聞いて、「伊藤も、とうとう降参して、懺悔演説をしたよ」と言い、笑って喜びました。伊藤が認めざるを得ないほど、東京専門学校は、大隈抜きでも発展したのです。大隈は伊藤も認めるように、政治と教育との区別を明確につけてきました。

なお、一九〇九年、伊藤博文がハルビンで暗殺されると、ふだん喜怒哀楽を表に出すことの少ない大隈が、一世一代の大泣きをしたと言います。伊藤と大隈は、明治十四年の政変に代表される対立関係もありましたが、一方で「築地梁山泊」以来の親友でした。一九〇七年、早稲田大学が創立二十五周年を記念して、理工科と医学科の設置を試みた際、募金の集まりが悪いのを見た伊藤は、皇室からの内帑金三万円が大学に下賜されるよう奔走しています。大隈が憲政本党を離れてから、大隈と伊藤は「築地梁山泊」のころの親しさを取り戻していました。人間は本来、一二五歳まで生きられると「人生一二五歳」説を唱える大隈には、親友の六十九歳での死去は、耐えがたい悲しみであったのです。

　早稲田大学が成立すると、鳩山和夫は、そのまま初代早稲田大学校長となりました。ただ、その職務は名誉職とされ、学校の運営は、高田早苗が取り仕切っていました。一九〇七年、早稲田大学は、大隈を初代総長に迎えると、高田が初代学長に就任します。同時に、校長職は廃止されました。

　一九〇七年からは、大隈が総長として、早稲田大学の発展に尽力していきます。

第四章　教育と文化

大隈重信総長推戴式＝1907年4月17日（早稲田大学大学史資料センター所蔵）

1　総長

初代総長

「隈板内閣」を組閣しながら、短期間で内閣総理大臣の座を追われた大隈は、政党政治を支えるものとして、国民全体の教育や文化の水準を高めていかなければならないと考えます。そのために、早稲田大学の初代総長として本格的に大学を運営する傍ら、多くの文化事業を行っていきます。そうして、成長した国民の支持を集めていくことで、大隈は再び内閣総理大臣となります。そして、死去の際には、思いを託した国民たちに、「国民葬」で見送られることになりました。

大隈重信が、憲政本党の総理（党首）を辞すと、早稲田大学の幹部たちは、六八七六坪に達していた学校敷地の寄贈を要請するとともに、総長職を新設して、大隈に就任を要請しました。大隈は、喜んで土地を寄贈し、学校のためであれば、老後の思い出に看板となろう、と言って、一九〇七年四月、早稲田大学の初代総長に就任します。

総長に就任した大隈は、募金を求めて演説を各地で行いました。政治・外交から世界の大勢を滔々と説く大隈の演説に感激して、富豪たちも募金に応じてくれたと言います。大隈は、募金を求めるため、不自由な足を投げ出して末席に着き、辞を低くして大学への同情を求めました。高田早苗は、感激して思わず涙が込み上げてきたと回想しています。大隈の旧友である渋沢栄一は、産業界から募金を集め、伊藤博文の尽力で天皇から内帑金の下賜もあり、巨額の資金を要する大学部理工科の開設に、私立では最初に成功したのでした。一九一三年、創立三十周年記念祝典において、大隈は、早稲田大学の教旨を宣言します。これについては、第五章で詳細に述べることにします。

高田早苗と早稲田出版部

総長の大隈のもと、早稲田大学を実質的に運営していたのは、高田早苗です。高田は、東京専門学校の創設時から、講師として教鞭を執るとともに学校運営の中核を担い、一九〇二年に早稲田大学と改称した際に、初代学長（一九〇七〜一九一五年）に就任しています。一九一五年、第二次大隈内閣の改造に伴い、文部大臣に就任するため学長を辞し、その後の

「早稲田騒動」により早稲田を一旦離れます。しかし、一九二〇年に早稲田大学が大学令に基づく正式な大学に昇格し、一九二二年に大隈重信が没すると、高田は第三代総長（一九二三～一九三一年）として大学運営に復帰し、早稲田大学の発展に尽力しました。

高田早苗は、東京大学で英米流の政治学などを学び、政治家、そしてジャーナリスト・批評家として活躍しますが、それは第七章で述べることにします。ここでは、企業経営家としての高田の側面を記すことにしましょう。高田の経営した最も代表的な企業は、東京専門学校出版部（現・早稲田大学出版部、本書の版元）です。

東京専門学校出版部は、日本最古の大学出版部で、一八八六年に「通信講義録」を発行し、通信教育を開始したことが、その起源となります。高田は、出版部が経営危機に陥ると、出版部を学校から分離し、そのリスクを一身に背負って経営を立て直しました。また、早稲田大学関係者によって創立された日清印刷株式会社（現・大日本印刷）や、日清生命保険株式会社（現・Ｔ＆Ｄフィナンシャル生命）の産婆役も果たしています。このほか、起業を志す校友を渋沢栄一らの実業家に紹介するなど、陰から校友たちの起業活動を支えたのです。

高田が始めた「通信講義録」は、上京や進学ができない人々に、勉強を続ける手段を提供するものでした。その趣意書は、「教ゆるにも亦た術多かり」という、教育方法の多様性を説く言葉から始まっています。高田は、通学できる者だけではなく、通学できない者に対しても通信教育によって東京専門学校の学問を広めようとしたのです。「通信講義録」の購読者は「校外生」と呼ばれ、試験に受かれば正規課程に編入できました。たとえば、そうして早稲田の門を叩いた者の一人に、津田左右吉がいます。

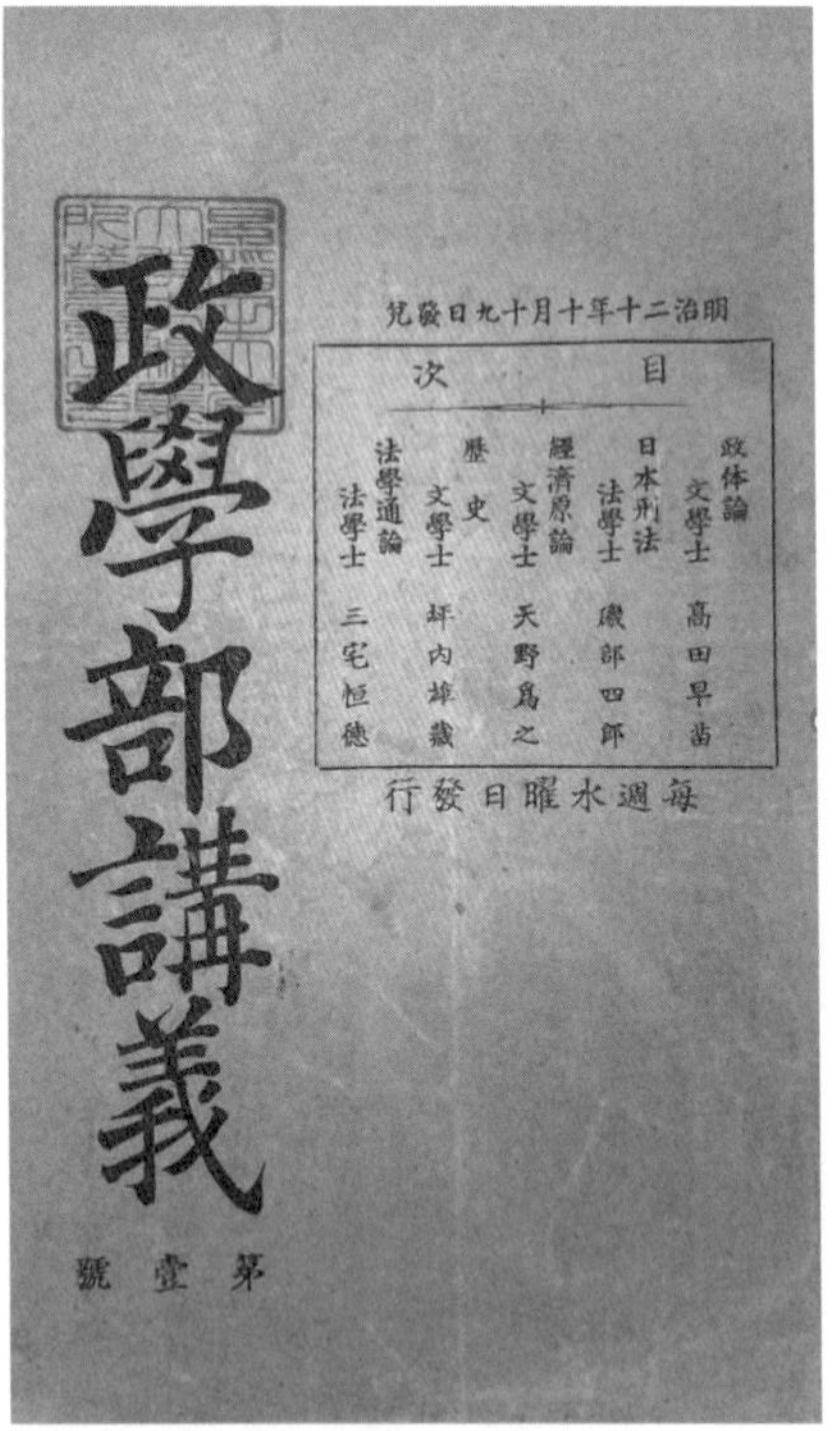

明治二十年十月十九日發兌
目次
政体論 文學士 高田早苗
日本刑法 法學士 磯部四郎
經濟原論 文學士 天野爲之
歷史 文學士 坪内雄藏
法學通論 法學士 三宅恒徳
毎週水曜日發行
政學部講義
第壹號

『政学部講義』（東京専門学校出版局、1887年）

一八八八年、「通信講義録」の購入により、校外生となった津田左右吉は、一八九〇年、東京専門学校邦語政治科(ほうごせいじか)二年に編入しています。その後、白鳥庫吉(しらとりくらきち)より歴史学を修めた津田は、卒業後『古事記(こじき)』・『日本書紀(にほんしょき)』の史料批判を行って天皇を神話から解放し、また「大東亜共栄圏(だいとうあきょうえいけん)」など、東洋が同文同種(どうぶんどうしゅ)であるとの虚像を打ち破りました。やがて津田は、早稲田大学の東洋哲学研究の基礎を築いていきます。

居ながらにして最新の学問に触れることができる「通信講義録」は、東京専門学校が教育をキャンパスの外に普及させる格好の媒体であり、「通信講義録」だけを頼りに独学に励む校外生たちは、「在野(ざいや)の精神」の体現者でもありました。もちろん、独学は難しいものです。「通信講義録」の修了者は、十人に一人と言われる厳しさでした。

二〇二〇年、新型コロナウイルスの世界的な流行のため、早稲田大学はオンライン授業を主とせざるを得ませんでした。早稲田大学に合格しながら、キャンパスに来られない、あるいは入国できない多くの学生がいました。オンラインによる授業は、「通信講義録」による独学よりは双方向的でしたが、学生も教員も苦しい思いをしました。それでも、学生が自らの学問に没入し、教員がその講義を高めていくことにより、早稲田の新たな伝統がそこから生まれようとしています。

市島謙吉と早稲田の国宝

市島謙吉（春城）は、高田早苗の勧めにより、東京専門学校の図書館長に就き、そのまま早稲田大学の初代図書館長となりました。市島は、一九一七年の早稲田騒動で辞するまで、図書館長として和・漢・洋の蔵書の拡充に奔走します。市島は、一九一五年には大隈伯後援会会長となって、大隈重信の晩年の政治活動を支え、一九二二年の大隈死去の際には、葬儀委員長を務めて、大隈の「国民葬」を実現しています。

水原県立広業館で星野恒より漢学を修め、東京英語学校（現・東京外国語大学）に入学したのち、東京大学文学部に入学して、高田早苗・坪内逍遥・天野為之らと同級になった市島は、和・漢・洋のすべてに精通していました。一時は読売新聞に入社して、高田早苗を継いで主筆にもなっています。晩年は、多くの随筆を執筆しました。

市島の図書館長としての最大の功績は、『礼記喪服小記子本疏義』第五十九と『玉篇』第九巻という二本の国宝を蔵書に加えたことです。いずれも、世界で早稲田大学だけが所蔵する天下の孤本です。

中国の南朝陳（五五七〜五八九年）の鄭灼が著した『礼記喪服小記子本疏義』は、儒教経典である『礼記』の注釈書で、奈良時代に遣唐使により、日本に伝わりました。聖武天皇の妃である光明皇后が所蔵していたことを示す朱方印が残っています。藤原佐世が著した日本現存最古の漢籍目録である『日本国見在書目録』にみえる『礼記子本義疏』百巻の一部に比定されています。早稲田大学を訪れて調査した羅振玉（甲骨文字の解読者の一人、宣統帝溥儀の家庭教師）が、鄭灼本人の書写本であるか、と記したほどの名品です。研究が進み、いまでは唐代の抄本（写本）と考えられています。

当時、宮内大臣であった旧所有者の田中光顕（旧土佐藩、陸援隊の生き残り）が、

市島謙吉、早稲田大学図書館の礎を築いた（早稲田大学大学史資料センター所蔵）

これの複製本を製作したことを聞き、市島は、「どうしても拝見したい」と、複製本の拝借をお願いします。すると田中は、大隈重信との親交からか、原本を寄贈しました。田中はやがて、もう一本の貴重書である『玉篇』も早稲田に寄贈しています。

南朝梁（五〇二〜五五七年）の顧野王の著した『玉篇』は、後漢の許慎の『説文解字』、現存しない『字林』に次ぐ、三番目の部首別漢字字典です。字の音を反切という表現法により示し、諸書から大量の引用を行い、さらに顧野王自身の考えを記す『玉篇』は、六朝時代の文字と音韻を知るために、たいへん貴重な資料です。

市島は、この二本のほか、江戸から明治にかけての大量の和漢籍を収集しました。その一部は、「早稲田大学古典籍データベース」として世界中に公開され、きわめて高い評価を受けています。就任時に三万冊程度であった蔵書は、五年目に十万冊を超えるなど、市島は、図書館の蔵書数を飛躍的に増加させています。市島は、図書館を「共同の大書斎」と捉え、さらに当時の図書館をめぐる問題点とそれを補うための私案を述べています。

このほか、市島は、第一回図書館事項講習会を行い、日本の司書制度の濫觴ともなりました。そして、大日本文明協会、国書刊行会、日清印刷などにも携わるなど、印刷業界でも精力的に活動しました。

二〇一〇年、生誕一五〇年を記念して、市島の銅像が「総合学術情報センター」（早稲田大学中央図書館）に設置されました。「早稲田の父」大隈重信、「早稲田の母」小野梓（男性です）、高田早苗・坪内逍遥・天野為之・市島謙吉という「早稲田四尊」の中では、最も有名ではありませんが、市島が基礎を築いた早稲田大学の図書館は、世界的にも有名な図書館に発展しています。

2　文明運動

東西文明の融合

大隈を総長に迎えた早稲田大学は、研究・教育だけではなく、さまざまな文化活動に力を入れていきます。それ以上に、大隈個人は、「東西文明の調和」を掲げて、多くの文化活動を展開していきました。それらは、「東西文明の調和」から名を取って、「文明運動」と総称されています。

総長に就任する一九〇七年、大隈は『教育時論』に掲載された論説「日本の文明」において、次のように述べています。

> 開国以来の我日本国は、東西両系統の文明が触接の境地となつて、世界に於ける一切の文明の要素が、雑然として一所に集合した。……可驚、世界の識者が全く調和の途無しと断念した、この東西両文明は、開国以来僅かに五十年間で、充分なる調和を得たのである、即はち真正の意味に於て、世界的文明は、我国にて始めて成立したのである。……之を人性多種の方面に発達せしめて、内に於ては政

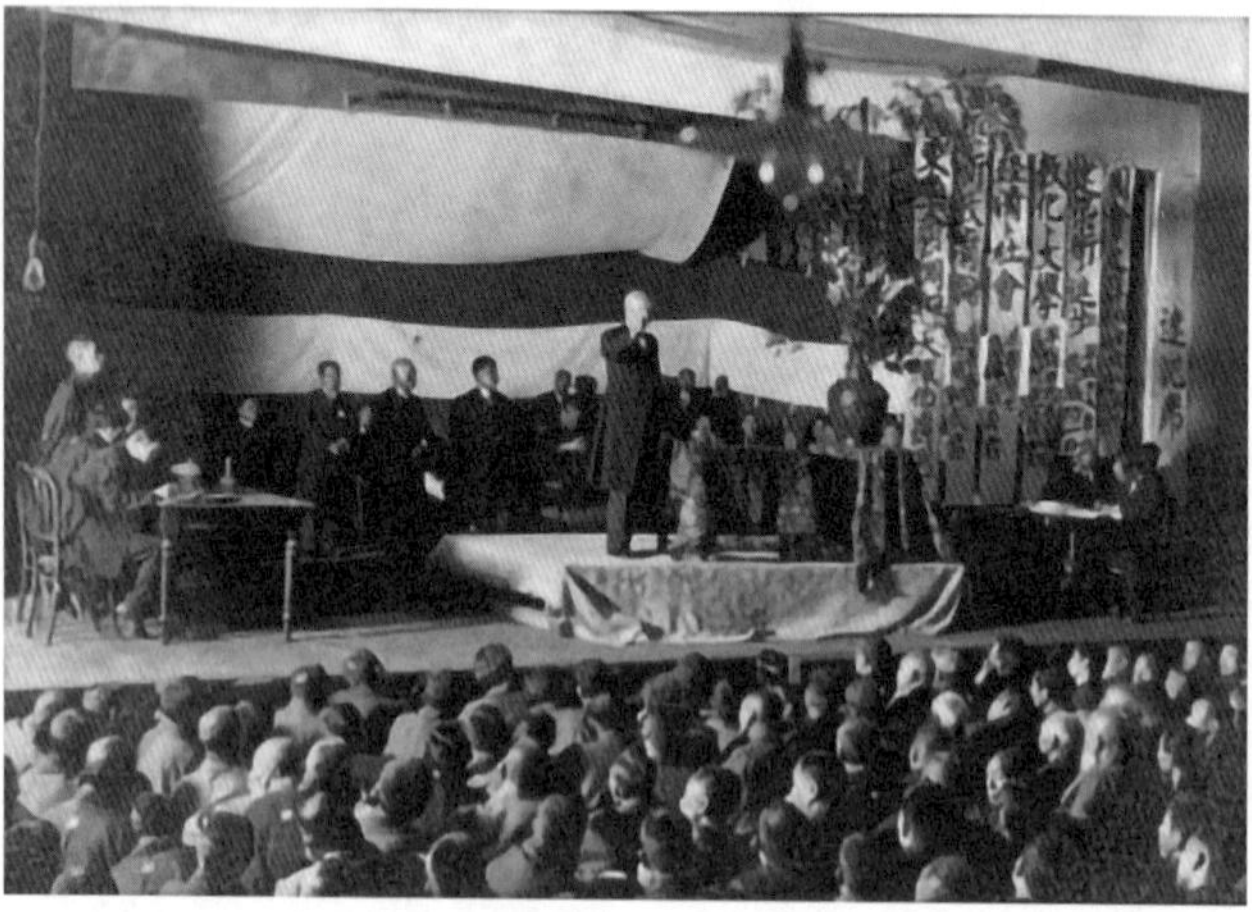

「東西文明の調和」を演説する大隈重信（早稲田大学大学史資料センター所蔵）

治、学術、産業、文学、美術となし、更らに又この真文明を以て、外世界の各民族に宣伝し、之を教化誘導するは、実に我が日本民族の天職である。

大隈重信「日本の文明」（『教育時論』七八二、一九〇七年）

一九〇四〜〇五年の日露戦争に勝利したことは、たとえばロシアに圧迫されているトルコに日本と同様の立憲君主政を目指す動きを生んだように、世界に大きな影響を与えました。大隈は、それを「東西文明の調和」と、その「真」なる文明を日本が世界の各民族に宣伝していくべきもの、と捉えたのです。こうして大隈は、世界の文明の割拠を打破し、世界の平和に貢献する点に、日本の使命があるとする「東西文明の調和」論に基づき、さまざまな文化事業を展開していきます。

一九〇八年、大隈は大日本文明協会を発足させます。東京帝国大学文科大学学長の井上哲次郎、東京高等師範学校（現・筑波大学）校長で、講道館を設立した嘉納治五郎ら学界の重鎮や、渋沢栄一ら財界の立役者の賛同を得て、大日本文明協会会長としてヨーロッパ文献の日本語翻訳事業を展開していきます。ほぼ毎月一冊ずつ、政治・経済・文化・思想を中心としながら、自然科学書まで多数の翻訳書を刊行しました。その数は、大隈の生前だけで、一九五冊に上ります。その後も、叢書名を改めながら、昭和の初期までに合計三一五冊もの書物を出版、大正デモクラシー期の最大の出版事業と評されています。

一九〇九年には、煙花競技会の会長に就任しています。大隈は大の花火好きでした。一九一〇年には、南極探検隊後援会長に就任して、白瀬矗中尉の南極探検を物心両面から後援しますが、この南極探検隊の壮行会でも、盛大な花火を打ち上げています。同じく、一九一〇年には、日本最初の自動車のオーナーズクラブである日本自動車倶楽部の会長に就任しています。乗り物では、一九一四年、帝国飛行協会の会長にも就任しています。

一九一〇年、大隈は、世界平和の実現に向けて、大日本平和協会の会長に就任しました。そして、万国平和会議を開催し、各国連合の軍隊を設立するなど、平和を守るための各国共同の取り組みを行い、国家間の紛争は平和万国仲裁裁判によって解決すべきと主張します。その一方で、前年、大隈は帝国軍人後援会の会長にも就任しています。これには批判もありますが、大隈は、軍隊は平和のための必要悪である、と考えていました。そもそも、帝国軍人後援会は、徴兵制度によって困難に陥った人々を救済するための組織でした。大隈は、傷痍軍人の家庭や軍人の遺族を社会の力で救助することを目指したのです。

国民教育

文明運動と並んで、大隈は出版活動を通じた「国民教育」を目指しました。

一つは、日露戦争の最中に編纂を開始し、一九〇七年に刊行した『開国五十年史』です。大隈による総論「開国五十年史論」から始まる『開国五十年史』は、大隈による「徳川慶喜公回顧録」により幕末政治の状況を当事者の言葉により記し、伊藤博文の「帝国憲法制定の由来」、松方正義の「帝国財政」、山縣有朋の「陸軍史」、山本権兵衛の「海軍史」、大隈と板垣退助の「政党史」、渋沢栄一の「銀行誌」「会社誌」、後藤新平の「台湾誌」など、一流の当事者による担当項目が並ぶ、豪華な本でした。大隈は、『開国五十年史』の結論において、開国以来五十年の日本の発展は、「開国進取」の国是のもと、西洋の新文明を導入し、応用することによって成し遂げられた、と述べています。そして、これからは単に西洋文明を導入するだけではなく、東洋文明の代表者として広く東洋を紹介し、「東西両洋の文明を融和綜合して、一層世界の文明を向上せしむること」こそが、日本の今後の使命である、と論じています。

もう一つは、大隈が一九一〇年に刊行した『国民読本』です。『国民読本』は、義務教育を終えた青年男女に向けた一種の教科書で、日本の国体・国民性から、立憲政体の仕組みや行政・法律・経済などの広い分野にわたる公民教育を企図したものです。日本の国民性としては、「清潔を尚ぶ」と指摘し、「同化の力」に富むと観察しています。この同化の力により、「能く東西の文明を調和し、世界の文明を化醇し、人類の平和を来し、人道の完美を図るは、誠にわが国民の理想なり、我日本帝国の天職なり」と述べています。

これらを通じて大隈は、国民の教育を目指していました。大隈は立憲改進党の結党以来、日本に政党政治を根付かせることを目標にしてきました。しかし、選挙は理念では動かず、金の力が大きくものを言い、選挙で選ばれた代議士も、藩閥政府と癒着して、権力や利権の獲得に奔走していました。こうした状況を改めるためには、政府を代議士が監視し、代議士を国民が監視することが必要である、と大隈は考えました。そのため、国民の教育を通じて、国民のあらゆる能力を向上させようとしたのです。

こうした国民の教育を重視していく大隈の「文明運動」により、大隈は、単に上から政党政治を押しつける政治家ではなく、民衆の支持を受ける大衆政治家へと変貌していきます。その結果、再び内閣総理大臣の地位に就くことになるのです。

3　第二次内閣

最年長の首相

大隈が再び、内閣総理大臣に就くのは、一九一三年から内閣総理大臣を務めていた海軍の山本権兵衛が、シーメンス事件で辞任したことによります。ドイツのシーメンス社から、日本海軍の首脳が、賄賂を受けていたことが発覚したのです。野党である立憲同志会の島田三郎らにより責任の追及が始まり、輿論もこれを攻撃したために、山本権兵衛内閣は総辞職します。ちなみに、島田三郎は、東京専門学校の創立期のメンバーでした。

元老の山縣有朋は、徳川宗家の第十六代当主である徳川家達を推薦しますが、辞退されました。一方、元老の井上馨は大隈と接触し、立憲同志会の総理（党首）である加藤高明を協力させたうえで、大隈に組閣をする気がないかと打診します。山縣が次いで推薦した清浦奎吾が、海軍大臣の不加入により辞退に追い込まれると、山縣は大隈を推薦し、井上・大山巖・松方正義も同意しました。

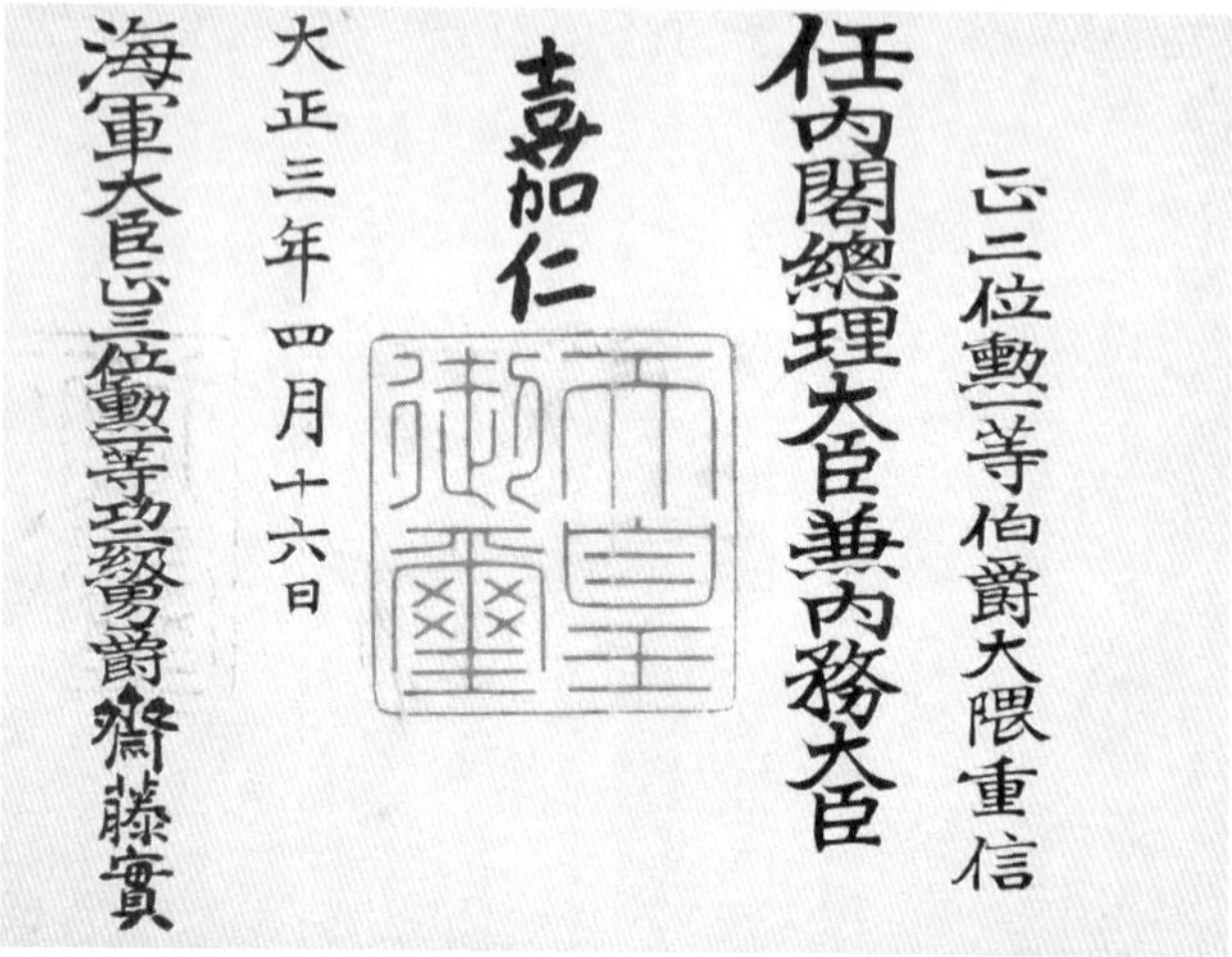
正二位勲一等伯爵大隈重信
任内閣總理大臣兼内務大臣
嘉仁
天皇御璽
大正三年四月十六日
海軍大臣正三位勲一等功二級男爵齋藤實

内閣総理大臣辞令（早稲田大学図書館所蔵）

こうして大隈は、七十六歳で二度目の内閣を組織します。大隈は、首相と内務大臣を兼ね、与党の立憲同志会からは加藤高明が外務大臣、若槻礼次郎が大蔵大臣、大浦兼武が農商務大臣、武富時敏が逓信大臣として入閣し、中正会からは尾崎行雄が法務大臣として入閣しました。立憲国民党は犬養毅が党首を務めていましたが、党を分裂させた加藤を嫌っており、参加しませんでした。

大隈は、組閣後まもなく、従来薩摩閥が握っていた警視総監に非薩摩閥の伊沢多喜男を就け、また一九人の知事と二九人の道府県部長を移動させるなど、地方人事も大幅に刷新します。さらに、海軍でも、薩摩閥の山本権兵衛・斎藤実といった有力者を閑職に追いやりました。

第一次世界大戦

一九一四年七月、第一次世界大戦が起こると、日本では中国大陸での権益確保のために、ドイツと敵対する連合国側に立って、参戦すべしとの声が高まります。加藤高明外務大臣は、元老との協議なしに参戦を決定し、山縣を激怒させます。大隈は、加藤をイギリス流の政治を行う後継者として考えていましたが、加藤は独善的で、大隈も外交には、ほとんど口出しができませんでした。

日本は、ドイツの拠点である中国の青島を中心とする膠州湾や南洋諸島を攻略します。膠州湾は中国の山東半島の南側にあり、日露戦争で得ていた旅順・大連などの遼東半島の利権と近接するものでした。

一九一五年には、衆議院議員の総選挙が行われ、大隈の与党が議席の三分の二を得る勝利を収めました。それには、大隈伯後援会が大きな役割を果たしています。早稲田大学関係者によって設立された同会は、三〇名の当選者を出すだけでなく、全国に遊説活動を行って、大隈の与党を応援しました。もちろん、大隈自らも多くの演説を行いました。ただし、大隈は、与党の勝利を国民の輿論の成長と結びつけることはしませんでした。まだ「低級」の知識しか持たない国民の人気の上に大隈が乗っているとすれば、内閣はその民意に対して、どのような姿勢を取るべきなのか。現在にも繋がるポピュリズムの問題です。とくに、ナショナリズムと結びつき易い、外国との領土問題に関わる輿論の動向に、政治家としていかに判断を下すのかは、現在でも難しい問題となっています。

対華二十一ヵ条要求

一九一五年、大隈は、中華民国政府に対し、中国における権益の継続や譲渡などを求める対華二十一ヵ条要求を行います。大隈や井上馨は、ドイツの膠州湾租借地の返還の代償として満州に権益を得ることは考えていたものの、列強にも利権を提供して軋轢を防ぐことを考えていました。しかし、加藤外務大臣は、陸軍などの強硬な意見をすべて要求に盛り込み、元老との最終的な協議もしないまま、それを二十一ヵ条の要求として中華民国側に提示したのです。中華民国政府は、最終的に主要な要求を受諾したものの、列強の不信を買い、中国の反植民地運動を高める結果となりました。大隈は加藤を後継者として考えており、また外交からも離れて久しかったため、加藤の行動を黙認することになりました。

大隈は、これより先、大日本平和協会の会長を務めるなど平和を強調し、また中国に対しては、その領土の保全を主張する支那保全論を唱えてきました。このため大隈と親交のあったハーバード大学総長のチャールズ＝ウィリアム＝エリオットは、今回の対中国政策は、大隈の日ごろの主張に反しており、日本がドイツのような侵略国になったかのように思わせるものである、と批判の意を伝えています。大隈は、これについて次のように述べています。

> 我輩は、東洋永遠の平和を思い、我等東洋民族の発展を希ふ以外に、又何等支那に対して野心を包蔵し居るものではない。……日本人中にも多少の野心家があり、支那を取って仕舞へなどといふ。是は誤れるの甚だしきものである。……唯それ日本はそれ等（欧米）諸国に比し、地理的に支那に対して優越権を有するが故に、日独戦争の終るを待つ

て友誼的に支那に対して今度の交渉を開始した迄である。

大隈重信「支那の外交術と其民族性」(『新日本』五―六、一九一五年)

大隈の発言は、国内向けに自らの支那保全論との整合性を強調したものですが、最後通牒までを突きつけて認めさせた要求が「友誼的」なわけはありません。中国は、対華二十一ヵ条要求を受け入れた五月九日を国恥記念日として、日本の侵略に対する抵抗を強めていきます。日本の突出した中国侵略を警戒する欧米諸国が、日本を封じ込めるワシントン体制を構築していくのも、これがきっかけです。これまで、大隈が、そして早稲田大学が、いかに日中友好に努めてきたとしても、日本を代表する内閣総理大臣として、対華二十一ヵ条要求を強要した大隈の責任は、逃れられないものがあります。

ただし、責任を大隈個人や、大隈の話を聞かず対華二十一ヵ条要求を突きつけた加藤高明個人だけに背負わせることは誤りでしょう。国会では、野党である立憲政友会の望月圭介が、なぜもっと強行に、支那を圧迫しないのかとして、加藤外務大臣を「売国奴」と呼んで議場を混乱させています。各メディアや輿論も、中国への侵略を圧倒的に支持していました。早稲田大学を出て、東洋経済新報社に勤めていたジャーナリストの石橋湛山は、これについて次のように述べています。

> 支那国民の日本に対する悪感をば一層煽った、我が政府の失態たることは覆ふべからずであるが、併し根本はと云へば、決して茲に始まつたのではない。譬へば先頃の日支交渉は油である。薪に油を注ぐ者の罪も固より恕し難いが、……其の薪は何人が置いたか。我輩は、其の薪を置いた者は誰れでもない、実に我が国民であると思ふ。更に詳しく云ふと我が国民の帝国主義が即ち之れを置いたのであると思ふ。
>
> 石橋湛山「日支親善の法如何」（『東洋経済新報』七〇八、一九一五年）

中国に強圧的な方法で過大な利権を要求する対華二十一ヵ条要求は、日本の中国に対する侵略の始まりとなり、日中戦争・アジア太平洋戦争へと至る日中の相互不信・対立の根本となります。しかし、当時において、これを批判する者は、ごくわずかでした。石橋が述べるように、「国民の帝国主義」は、大隈や加藤の行動を、さらには加藤の行動を弱腰と批判する野党を後押ししていました。大隈が「国民教育」を掲げ、理想とする政党政治のために選挙権を持つ国民の教育を重視したことの正しさをここに見ることができるでしょう。

政党政治は、国民の輿論が曲がっていれば、それを正すことは難しく、政党として国民の人気を取ろうとすれば、たとえば中国に対してより強硬な意見を吐いて、票を集めるようなものなのでしょうか。国民の教育と政党政治のあり方の問題は、今日まで続いていると考えてよいでしょう。

このあと、衆議院では加藤外務大臣への弾劾案が提出されましたが、大隈の与党が多数を占めていたために否決されます。また、交渉の詳しい状況や列強の介入については、国民に知られていなかったため、大きな政治問題とはなりませんでした。

なお、石橋湛山（いしばしたんざん）は、こののち早稲田大学出身者として初の内閣総理大臣となります。早稲田大学は、「学問の独立」という建学の理念のもと、時代に迎合せず、野（や）にあっても進取の精神で理想を追求する伝統を受け継ぎ、自由な言論の環境を作り出し、言論の場で高い理想を掲げて公正な論戦を展開する人材を輩出するために、「石橋湛山記念 早稲田ジャーナリズム大賞」を二〇〇〇年に創設し、すぐれたジャーナリストを顕彰しています。

4　国民葬

辞職

一九一五年十一月、皇太后の崩御などで遅れていた大正天皇の即位の大礼が行われました。義足の身でありながら猛練習を積んだ大隈は、階段の上り下りを伴う儀式を完遂しました。一九一六年、大隈が乗車していた馬車に、政府の対中国外交を弱腰と批判する福田和五郎らが爆弾を投げる事件が発生しましたが、不発のため事なきを得ています。このころ井上馨が没し、山縣有朋は元老の強化を図るため、大隈を元老に加えることを考え始めました。

大隈も高齢であり、いつまでも首相を続けるつもりはありませんでしたが、後継に加藤高明を就けようとしたため、山縣との交渉が続きました。六月、大隈は大正天皇に辞意を示し、後継に加藤と寺内正毅大将を推薦し、「隈板内閣」のような両者共同の内閣を作ろうとしました。しかし、これは寺内に拒否されます。七月に大隈は、伯爵から侯爵に登り、貴族院侯爵議員となりました。

十月、大隈は辞表を提出しましたが、辞表の中でも加藤を後継者として指名する異様な形式のものでした。しかし、山縣の運動により、大正天皇は元老への諮問を行い、山縣・松方正義・大山巖・の三元老と西園寺公望は一致して寺内を推薦し、寺内内閣が成立します。

大隈の退任時の年齢は、満七十八歳六カ月で、これは歴代総理大臣中、最高齢の記録です。

国民葬

内閣総理大臣を退任した大隈は、立憲同志会・中正会・大隈伯後援会を合同させた政党の総裁への就任を依頼されますが、断っています。以降は演説なども行わず、新聞上での評論活動を主としました。山縣は、なおも大隈を元老に加えることを模索したものの、大隈自身が元老集団に入りたがらなかったこと、および松方と西園寺が反対したため、大隈が元老となることはありませんでした。

一九二一年、大隈は風邪をきっかけに腎臓炎と膀胱カタルを併発して衰弱します。このころから早稲田大学や憲政会など関係の深い者たちによって、大隈の顕彰運動が盛んとなります。かれらは、大隈の公爵への格上げや「国葬」の実現などを目指し、内閣や元老に工作を行い、大隈系の新聞紙上でも顕彰を展開しました。しかし、すでに日本の勲章の最高位である大勲位菊花章頸飾の授与が決定されていたため、大隈関係者が望んだ国葬や公爵は実現しませんでした。

一九二二年一月十日、大隈は早稲田の私邸で死去します。数え年で八十五歳でした。

死去当日、市島謙吉は、「世界的デモクラシーの政治家である大隈」は、「国民葬」により送られることが相応しいと

大隈重信の「国民葬」（早稲田大学大学史資料センター所蔵）

発表します。大隈家は同日、東京市から日比谷公園を告別式場として借り受けました。一般人の参列できない国葬ではなく、面識のないものでも参加できる「国民葬」が準備されたのです。

日比谷公園の「国民葬」には、約三〇万人の一般市民が参列し、大隈との別れを惜しみました。その後、東京都文京区の護国寺（ごこくじ）にある大隈家墓所で埋葬式が行われました。大隈の墓所は、生まれ故郷である佐賀市の龍泰寺（りゅうたいじ）にもあります。

大隈銅像

早稲田キャンパスの中央には、大隈重信の銅像が立っています。これは三代目の銅像で、歴史的には四つの大隈銅像が存在しました。

初代は、一九〇七年、早稲田大学創立二十五周年と大隈重信の古稀（こき）を記念して制作されました。制作を小倉惣次郎（おぐらそうじろう）、鋳造を鈴木長吉（すずきちょうきち）が担当した大礼服（たいれいふく）姿の銅像です。この年は、大隈が総長に就任した年であり、早稲田大学にとって新時代の幕開けでした。この大隈像は、現在、大隈講堂（おおくまこうどう）の北側回廊（かいろう）に設置されています。二代目は、芝公園に設置されましたが、戦時中の金属供出により現存しません。

なお、大隈講堂（正式名は早稲田大学大隈記念講堂、学内では早稲田大学二一号館とも表記される）は、大隈の逝去とともに建設が計画されましたが、翌二三年の関東大震災により、しばらく中断します。一九二五年、恩賜金五千円のほか、大学理事の松平頼寿から五万円、渋沢栄一から一万五千円などの寄付を受け、高田早苗総長のゴシック様式で演劇にも使える講堂を持ちたいという要望を受けて、早稲田大学建築科の創設に携わった佐藤功一をはじめ、建築学科の教員らを中心に設計されました。大隈の人生一二五歳説に因んで、一二五尺（三七・八八ｍ）の高さがあります。二〇〇七年に再生工事を終え、重要文化財に指定されています。

現在、早稲田キャンパスに立つガウン姿の三代目の大隈の銅像は、一九三二年、創立五十周年にあわせて制作されました。初代銅像の大礼服姿が官僚や軍人を象徴するものであり、大学には相応しくないとの意見から、今の姿で企画されたものです。

最後は、一九三八年に、大日本帝国憲法発布五十年を記念し、国会議事堂内に設置された銅像です。初の政党内閣による首相として評価されたもので、板垣退助・伊藤博文の銅像と共に、現在も議事堂の中央広間に設置されています。二代目から四代目の三体は、すべて「東洋のロダン」と呼ばれた朝倉文夫（あさくらふみお）が制作しました。

このほか初代の塑像原型が、早稲田大学の歴史を展示する博物館である歴史館（れきしかん）（早稲田キャンパス一号館）に、初代を模した銅像が佐賀市の大隈記念館にあります。また、早稲田大学の戸山・西早稲田・所沢・北九州の各キャンパス、そして大隈の名を冠する大隈記念早稲田佐賀学園をはじめ、附属・系属校にも大隈の胸像が設置されています。

建立当時の大隈銅像。足元に掲げられているのは「早稲田大学制服制帽沿革早稲田大学創立五十周年記念」の徽章等一覧の額＝1932年（早稲田大学大学史資料センター所蔵）

第五章　三大教旨

創立三十年祝典での大隈。三大教旨を宣言する。中央は小野梓（早稲田大学大学史資料センター所蔵）

1　小野梓と学問の独立

小野記念講堂

大隈が亡くなったあと、早稲田大学は、どのような歴史を辿りながら、現在の姿になったのでしょうか。本章では、戦前の早稲田大学の歴史を三大教旨と歴代の学長・総長、そして学問の独立の最大の危機であった津田事件について述べていきます。

早稲田大学は、教育の基本理念として「学問の独立」・「学問の活用」・「模範国民の造就」という三大教旨を掲げています。そこには、どのような思いが込められているのでしょうか。

早稲田大学の二七号館は、二〇〇五年に小野梓記念館として建設されました。地下には、文化活動の成果を社会に向けて発表する、小野記念講堂が設けられています。早稲田大学では、大隈重信を「建学の父」、小野梓を「建学の母」と称します。その功績を讃える小野記念講堂は、もとは今の七号館にありましたが、胸像とともに二七号館に移転したのです。

優れた思想家で言論・出版活動にも精力を注いだ小野に見守られながら、早稲田文化の発信と世界の多様な知の交流を図るホールとして、小野記念講堂は、各種の講演会や学内外の演劇・映像などの発表の場となっています。

小野梓は、土佐国宿毛（高知県宿毛市）の出身です。米・英に留学した後に、法制官僚、

小野梓の肖像画。「建学の母」と称される（早稲田大学大学史資料センター所蔵）

会計検査院検査官などとして辣腕を振るい、やがて大隈重信の強力な参謀となります。明治十四年の政変で大隈と共に下野してからは、立憲改進党の結成に努め、東京専門学校の創立に力を尽くしました。その開校式では、東京専門学校、そして早稲田大学の建学の理念となっている「学問の独立」を高らかに宣言しています。

学問の「外国からの」独立

第三章で述べたように、小野の「学問の独立」という理念は、外国の学問からの日本の学問の独立、政治権力からの学問の独立という二つの意味を持っています。

学問の独立として小野が何よりも強調したのは、外国の学問からの日本の学問の独立です。小野によれば、これまでの日本の学問は輸入学問であり、輸入先が中国から欧米へと変化しただけで、共に外国の学問の受け売りで、日本にその学問を根付かせることはなされてこなかった、と言います。それは、自国の言語ではなく、他国の言語により学問を教授しているからで、それが学問の独立を達成するうえでの障碍になっている、とするのです。

東京専門学校が創立された一八八二年、日本で唯一の高等教育機関であった東京大学では、お雇い外国人教師により、欧米の書物を欧米の言語を用いて授業が行われていました。日本はまだ、幕府が欧米諸国と締結した不平等条約を改正できてはいませんでした。そうしたなか、小野は東京専門学校の開校式の祝辞で、次のように述べています。

一国の独立は国民の独立に基ひし、国民の独立は其の精神の独立に根ざす。而して国民精神の独立は実に学問の独立に由るものなれば、其の国を独立せしめんと欲せば、必ず先づ其民を独立せしめざるを得ず。其の民を独立せしめんと欲せば、必ず先づ其の精神を独立せしめざるを得ず。而して其の精神を独立せしめんと欲せば、必ず先づ其の学問を独立せしめざるを得ず。

早稲田大学大学史編纂所編『小野梓全集』四（早稲田大学出版部、一九八一年）

小野は、学問の独立について、「一国の独立」は「国民の独立」に基礎をおき、「国民の独立」は国民「精神の独立」に根ざすと論じ、さらに「国民精神の独立」は「学問の独立」によると弁じています。したがって、「国を独立」させるためには、「民を独立」させなければならず、そのためには「精神を独立」させなければならず、そのためには「学問を独立」させなければならない、ということになります。「独立」という言葉が、国家・国民・精神・学問という四つのレベルで用いられ、後者が前者を規定するという論理になっていることが分かるでしょう。

このように、小野の「学問の独立」は、国民精神の独立、国民の独立を通じて一国の独立に繋がっていました。その基本には、対外的な独立、とくに西欧世界に対する自立の要求と、日本が当面していたナショナリズムへの強烈な志向とがありました。

小野は、演説を続け、アジアで独立の体裁を維持しているのは、日本と清しかないと述べます。そのうえで次のように論じています。

> 我邦の如きは、現時条約の改正すべきあり、日・清・韓の関係を正すべきあり、……永遠の基を開き久恒の礎を建つるものに至ては、唯だ学問を独立せしむるに在るのみ。
>
> 早稲田大学大学史編纂所編『小野梓全集』四（早稲田大学出版部、一九八一年）

日本は、条約改正の問題などを抱えており、強国が隙を狙っているので、このような国際情勢のなかで、日本が独立を全うするためには、「学問を独立」させるしかないのです。それにより、「国民の元気」を養い、「独立の精神」を発達させなければ、「帝国の独立」は期しがたいものでした。「一国の独立」の基礎をつくるものこそ、「学問の独立」なのです。小野にとって、「学問の独立」の追求という課題は、「一国の独立」の実現という課題と、深く結びついていたのです。

それでは、どのようにすれば「学問の独立」は達成できるのでしょうか。小野は、講学の便宜を計ること、講学の障碍を取り除くことの二点を提起し、前者には大隈の示唆による皇室財政からの経済的な支援策、後者には自らの考えである邦語（日本語）教育策を挙げています。そして、東京専門学校が担当すべきは、後者の課題であると明示したのです。これを受けて、東京専門学校は、東京大学で教えるような高等な学問を外国語ではなく、日本語を用いて教授しました。日本語による速成教育という方法は、東京専門学校の最大の特徴で、多くの学生を惹きつけることになりました。

速成の二学と英語

小野梓は開校演説で、十数年後を期して学校の改良前進をはかり、邦語教育によってこれを進めて、「学問の独立」に貢献する、という将来展望を示します。小野がまず目指したのは、速成を旨とする政治・法律の二学でした。小野は、政治・法律の二学に速成が必要なのは、社会に需要があるためで、政治の改良、法律の前進が日本の重要な課題となっているためである、と言います。国会開設を控えた当時の政治の状況、憲法をはじめとする法典整備の課題などを考えていたのです。

演説では、いずれ理学科を設ける予定であることを展望した後に、正科の外に「英語の一科」を設けた意味を次のように説明しています。

> 本邦の学問をして其の独立を全ふせしめんと欲せば、勢ひ深く欧米の新義を講じ、大に其の基を堅くせざるべからず。
>
> 早稲田大学大学史編纂所編『小野梓全集』四（早稲田大学出版部、一九八一年）

日本の「学問の独立」を完全にしようと考えるのであれば、深く欧米の新しい道理を講義し、大いに基礎を固めなければならない、と小野は考えていました。その上で、英語を採用した理由を「独逸の学」「仏蘭西の教」と比較して、「人民自治の精神」を養成し、「活潑の気象」を発揮する点では、「英国人種の気風」を推さざるを得ないからであると述べています。このとき東京大学は、イギリスの学問から、プロイセンの法律を学問の中心に据えていこうと変化しつつありました。小野は、こうした動向を批判して、英語を徹底的に学ばなければならないと考えていたのです。

邦語による速成教育は、英語による教育を否定したわけではありません。小野は、英語の必要性を強く認識したうえで、まず邦語による速成教育を目指したのです。二〇〇四年、早稲田大学は、ほぼすべてを英語により教育する国際教養学部を設置しました。小野の志は、二一世紀に実現していくのです。

学問の「政治権力からの」独立

小野は、演説の最後で、「本校をして本校の本校たらしめんと欲する」ことを強調し、東京専門学校を「政党以外に在て独立」させようとしました。政治権力からの学問の独立です。

今（立憲改進）党員たるの位置よりして之れを言はば、党員としての立場から言えば、本校の学生全員をして咸く改進の主義に遵はしめ、みな其の旗下に属せしめんとするは固より其の所ナリ。旬報したがわせ、その旗下に属させようとするのは当然である。然ども余が（東京専門学校の）議員たるの位置よりして之れを言はば、暗々裏々学生諸君を誘導して之れを我党に入るるが如き卑怯の挙動あるを恥づ。本校の大目的たる学生諸君をして速に真正の学問を得せしめ、早く之れを実際に応用せしめんと欲するに在るのみ。……本校は決して諸君が改進党に入ると自由党に入ると、乃至帝政党に入るとを問ひて、其の親疎を別たざるなり。

早稲田大学大学史編纂所編『小野梓全集』四（早稲田大学出版部、一九八一年）

小野が演説の末尾で、政党からの独立を強調しなければならなかったのは、東京専門学校の創立が大隈重信、小野梓ら立憲改進党の指導部によって推進されていたからです。それは、表面上からみれば、明らかに立憲改進党による学校の創設でした。だからこそ、学問と政治活動の区別、政党からの学校の独立を強調して、基本的な立場を明らかにしたのです。

こうして、自由民権運動の只中に、東京専門学校は、立憲改進党との明確な区別を宣言して開校しました。ただし、学校の人的構成の側面でも、目指した近代国家の建設路線でも、立憲改進党と東京専門学校とが重なりあっていたのは言うまでもありません。東京専門学校は、英米法を教授することを法学教育の基本にしていました。イギリスをモデルとした政治の改良・前進は、立憲改進党の基本理念でした。それでも、東京専門学校は、大隈の学校ではない、立憲改進党とは別である、と宣言することは、長期的に重要な意味を持ちました。学校を政党・政治から独立させ、「真正の学問」を身に付け、それを「実際に応用」させることこそが、東京専門学校の「大目的」であったのです。

国家の基礎は人にある

小野は、教養の盛衰は文化の盛衰に密接に関係するので、教養は国家政治の要であると考えていました。そして、教養を「専門」と「通常」の二つに分けました。「専門」の学とは、法学・物理学など、それぞれの専門に応じた学問分野のことを指しています。小野が重視したのは「通常」の教養、すなわち基礎的な教養でした。

小野は、人に「智」と「不智」の差があるのは、教養の善悪によるとします。子どもに教えるのは父母の役割ですが、それだけでは不十分なので、学校により教育を行う必要があります。その際、日本の学校で教えるべきものは、外国と関わる「海備」「外交」、国家の基礎となる「会計」「法律」よりも、「教養」こそ急を要すると小野は主張します。国家の基礎は、人にこそあるというのです。小野の主眼は、教養をもった人によって構成される国家・社会をつくることにありました。国家財政を成り立たせる税金も、民法や刑法も、すべて民のあり方と密接に関係しています。徴税も法律も、国内の「公論」に依拠しなければなりません。そのためには、代議制度を採用することが不可欠です。代議制度を有効に生かすためには、それを担うことができる民が不可欠であると小野は考えたのです。大隈が「国民教育」を目指したことと共通の考え方と言えるでしょう。

　しかし、「勧学」、教育を勧めていくには、困難があります。新しい教養を広げるうえで、最も障碍となっているものが、言語であると小野は考えたのです。廃藩後、みな競って欧米の教養を取り入れようとして、留学生を送り出しました。しかし、多くの学者はヨーロッパに憧れるあまり、日本の言語を廃止して、ヨーロッパの言語に変えることを主張しました。これは間違っている、と小野は言います。言語を変えるのは容易ではなく、人民の「大不利」となります。一般庶民に対して、外国語で教養を伝えるのは無理であり、通常の学は日本語で書物にすべきである、と小野は主張したのです。高田早苗が東京専門学校出版部の経営に真摯に取り組んだのは、小野の理想を継承しているからなのです。

小野梓記念賞

一九五八年、早稲田大学は、小野梓の功績を顕彰し、建学の精神を顕揚することを目的に、小野梓記念賞を制定し、学術・芸術・スポーツの三部門において、とくに抜群の成果を挙げ、学生の模範と認められる者に対して、小野梓記念賞を贈ることにしました。早稲田大学の学生が受ける賞としては、最高に栄誉のある賞です。たとえば、二〇二〇年度には、オリンピックで金メダルを取ったフィギュアスケートの羽生結弦さん（人間科学部、二〇二〇年九月卒業）に、小野梓記念賞が贈られています。

さらに、早稲田大学の豊富な奨学金制度の中には、成績優秀者に贈られる大隈記念奨学金のほかに、修学上、とくに困難な学生を援助することを目的とする小野梓記念奨学金があります。

小野の授業は、学問的客観性を保持しつつも、同時代の状況のなかで現実に訴えかけたいという強い意思を持って行われました。小野は思いが溢れて泣きながら講義をし、学生もまた泣きながらそれを聞いたと言います。小野の溢れるばかりの情熱と精神は、今も早稲田大学を照らし続けているのです。

2　創立三十年

学問の活用

一九一三年、創立三十周年記念祝典において、総長の大隈重信は、のちに早稲田大学の三大教旨とされる三つの教育の主旨（教旨）を宣言しました。早稲田大学における教育の基本理念を示す早稲田大学教旨は、高田早苗・坪内逍遙・天野為之・市島謙吉の「早稲田四尊」、および坪内より「早稲田の至宝」と評された政治学者の浮田和民、早稲田大学出版部の「漢籍国字解」の中心的な執筆者であった漢学者の松平康国などが草案を作成して、大隈重信が校閲のうえで、発表したものです。一九三七年に、教旨の碑文が早稲田大学正門前に設置され、今日に至っています。

早稲田大学は学問の独立を全うし 学問の活用を効し 模範国民を造就するを以て建学の本旨と為す

早稲田大学は学問の独立を本旨と為すを以て 之が自由討究を主とし 常に独創の研鑽に力め以て 世界の学問に裨補せん事を期す

早稲田大学は学問の活用を本旨と為すを以て 学理を学理として研究すると共に 之を実際に応用するの道を講じ以て 時世の進運に資せん事を期す

早稲田大学は模範国民の造就を本旨と為すを以て 立憲帝国の忠良なる臣民として 個性を尊重し 身家を発達し 国家社会を利済し 併せて広く世界に活動す可き人格を養成せん事を期す

『早稲田学報』二二五号、一九一三年

早稲田大学の三大教旨として大隈が掲げた「学問の独立」「学問の活用」「模範国民の造就」のうち、「学問の独立」は、すでに小野梓の演説からの二つの意味を検討しました。「学問の活用」は、近代国家を目指す日本において、学問は現実に活かしうるものであること、日本の近代化に貢献するものであることを求めるものです。「学問の活用」は、安易な実用主義ではなく、「進取の精神」として、早稲田大学の大きな柱の一つになりました。

進んで世界に貢献する

「模範国民の造就」の「造就」は難しい言葉ですが、「造り就す、養成する」という意味です。大隈は、創立三十周年記念祝典の演説の中で、次のように説明しています。

> 大学に学ぶものは多数ではない。多数国民中の少数である。此少数の高等教育を受けたるものが、国民の模範となる。国民の中堅はここに存する。国民の勢力は茲に基するのである。それが国家を堅実に発達せしめ、総て文明的事業の急先鋒となるのである。而して模範的国民とならんとすれば、知識のみではいかぬ。道徳的人格を備へなければならぬ。而して一身一家一国の為のみならず、進んで世界に貢献する抱負が無ければならぬ。これを支那古代の語を以て説明すれば、修身、斉家、治国、平天下である。治国平

天下、世界の平和を計らんとすれば、まず国を治めねばならぬ。立国の意味は現在の思想からいえば二つに別れる。一つは国、一つは社会、社会が賢人に発達しなければ国も納まらない。而してその根本は家である。一国の本は一家である。家族は即ち国を成す根本である。同義の根本もまたこの家に発する。善良の風俗もこの過程から生ずる。故に教育は、人格の養成を根義とする。唯だ専門智識を吸収するのみに汲々として、此点を閑却するに於ては、人間は利己的となる。進んで国と世界との為に尽すといふ犠牲的精神は段々衰へて来るのである。恐るべきことである。是文明の弊である。此弊を避けて、其利を収むるのは模範国民たるものの責任である。是が早稲田大学の教旨の最も根本を為すべき要点である。模範国民の国家に対し社会に対し自己に対する観念の根本を為すべきものはここにある。この理想を実現する為には、吾人は終身努力しなければならぬ。

『早稲田学報』二二五号、一九一三年

大隈は、模範的な国民になるためには、知識を身に付けるだけではなく、「一身一家一国の為のみならず、進んで世界に貢献する抱負が無ければならぬ」と述べています。それを分かりやすく説明するために、朱子学で重視する『大学』という経典に掲げられる「修身・斉家・治国・平天下」、すなわち、天下を治めるには、まず自分の行いを正しくし、次に家庭をととのえ、次に国家を治め、そして天下を平和にすべきである、という文章を引用していますが、今では、かえって分かりにくくなっています。言葉の意味は、時代と共に変わっていくものですので、早稲田大学では、三大教旨を読み替えながら、今日もそれを大学の基本理念に据えています。

最も大きな変更が加えられたのは、一九四五年の敗戦後、日本国憲法が制定され、教育基本法と学校教育法が成立したときのことです。新しい思潮のもと、大学は、教旨改訂のための委員会を設置しました。そこでは、全面改訂案と、「立憲帝国の忠良なる臣民として」の十四字を削除する案の二案が提示され、一九四九年、大学は後者の案を新時代の教旨として採用したのです。

現在の早稲田大学は、「Waseda Vision 150」を掲げて、早稲田大学教旨を以下のように読み解き、二〇三二年の創立百五十周年に向けた教育と研究の体制整備の原点としています。

1．学問の独立―世界へ貢献する礎

あらゆる制約から解放され、本質を見据(みす)えた自由な批判精神が学問の独立の礎である。早稲田大学は、学生・教員の自律的かつ自由な相互作用の中で人文科学、社会科学、自然科学あるいはそれらの融合領域の討究を行い、その成果を世界に発信して学問の創造と発展に貢献する。

2．学問の活用―世界へ貢献する道

学問研究は、学理の考究に留まらず、文化、社会、産業への活用の道を拓(ひら)くことによってさらに発展する。早稲田大学は、学部・大学院での教育・研究に加えて専門職業人教育および生涯教育に取り組み、学理考究とそれに裏付けられた実践との相互作用を通して新しい時代を切り拓く。

3．模範国民の造就―世界へ貢献する人

送り出す学生こそ大学教育の最大の成果である。早稲田大学は、世界の何処(どこ)にあっても、どのような困難に直面しようとも、自らの意思で周囲と連帯して状況を切り拓くことのできる知識と道徳的人格と勇気、さらには頑健な身体としなやかな感性を持った地球市民を育成する。

早稲田大学校歌

早稲田大学校歌は、三大教旨のうち「学問の独立」を「学の独立」と歌うだけです。ほかの二つは入っていません。そのため「学の独立」と並んでいる「進取の精神」を教旨と勘違いされることもあります。二つが入っていないのは、三大教旨よりも、校歌の制定の方が早いからです。

校歌は、一九〇七年の創立二十五周年祝典にあわせて制定され、その祝典で初めて披露されました。校歌制定の中心的役割を担ったのは、文学科の教員である「早稲田四尊」の一人坪内逍遥と、自然主義文学の旗手と言われた島村抱月でした。当初は、学生からの懸賞募集を行いましたが、思うような作品は集まらず、作詞を卒業生の相馬御風、作曲を雅楽家の東儀鉄笛に依頼しました。

都の西北 早稲田の杜に 聳ゆる甍は われらが母校
われらが日頃の 抱負を知るや 進取の精神 学の独立
現世を忘れぬ 久遠の理想 輝くわれらが 行手を見よや

わせだ わせだ わせだ わせだ わせだ わせだ わせだ
東西古今の 文化の潮 一つに渦巻く 大島国の
大なる使命を 担いて立てる われらが行く手は 窮まり知らず
やがても久遠の 理想のかげは あまねく天下に 輝き布かん
わせだ わせだ わせだ わせだ わせだ わせだ わせだ
あれ見よ彼処の 常磐の杜は 心の故郷 われらが母校
あつまり散じて 人はかわれど 仰ぐは同じき 理想の光
いざ声そろえて 空もとどろに われらが母校の 名をば讃えん
わせだ わせだ わせだ わせだ わせだ わせだ わせだ

詩が完成したのち、坪内逍遙が筆を入れた際に、三番の歌詞の「心の故郷」という言葉を絶賛し、また、坪内が「わせだ・わせだ」のエールを発案したと言います。なお、校歌が初めて披露された創立二十五周年祝典では、大隈銅像（初代）の除幕式も併せて挙

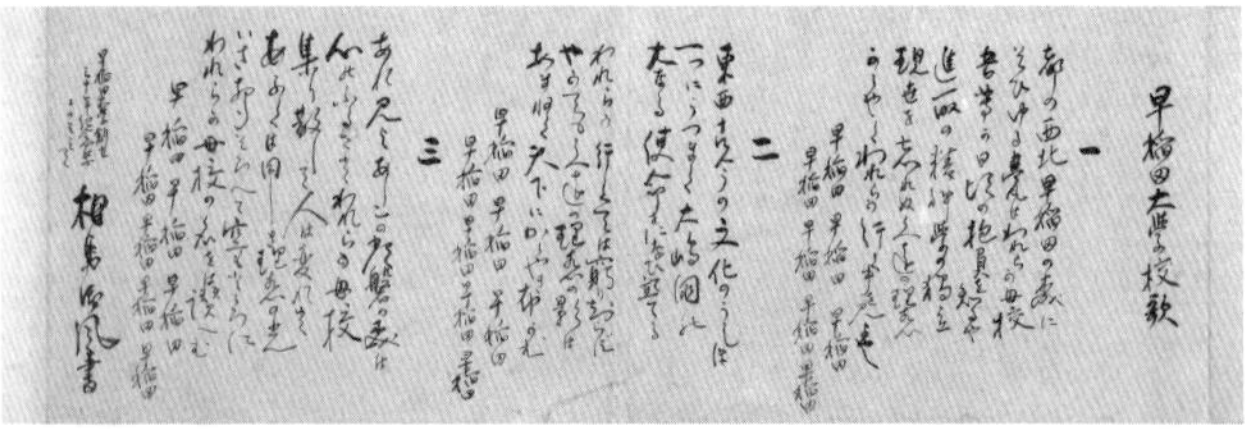

相馬御風書「早稲田大学校歌」＝1913年（早稲田大学図書館所蔵）

行されました。この祝典では、東京専門学校創設以来、大学の公式行事に参加することのなかった大隈が、初めて演説を行い、総長に就任して、名実ともに初めて早稲田大学の象徴となりました。祝典の後は、学生・教職員・卒業生が皇居に向けて提灯（ちょうちん）行列を行い、楽隊を先頭に制定されたばかりの校歌を高らかに歌ったと言います。

3　早稲田騒動

早稲田騒動

一九一四年、大隈は第二次内閣を組織しますが、一五年の内閣改造で文部大臣として、学長の高田早苗（たかたさなえ）を起用しました。後任の学長には、商科科長・早稲田実業学校（わせだじつぎょうがっこう）校長を務めていた天野為之（あまのためゆき）が就任します。その際、理事や維持員（いじいん）を増員するなど、天野学長の権限を抑制する措置が取られました。これに対して、天野は、総長ポストを廃止して大隈家と早稲田大学との縁を絶ち、終身維持員制についても廃止しようと考えたのです。

一九一六年、大隈第二次内閣が崩壊すると、高田も文相を辞職します。一七年に天野の任期が満了することもあり、そこに研究室を持つことから「恩賜館組」と呼ばれた少壮の教授グループは、高田を再び学長に復帰させようとします。これを受けて、高田早苗・坪内逍遙・市島謙吉らは高田の学長復帰を合意し、大隈に報告しました。しかし、天野の秘書である佐藤正が、天野を排斥して高田が復帰を謀っている、との記事を立憲政友会の機関紙「中央新聞」などに持ち込み、これを機に大きな社会問題に発展していきます。

大学の教職員の多くが高田派であったのに対し、尾崎士郎を中心とする学生たちは天野に同情的でした。やがて天野派は、石橋湛山のもとに集結します。こうして両者の対立は、「早稲田騒動」と呼ばれる紛争へと発展していきました。維持員会は、事態を解決するため高田の学長復帰を断念し、天野は任期満了で退任という形を取ることにします。しかし、天

天野為之。早稲田騒動で早稲田を離れる（早稲田大学大学史資料センター所蔵）

野は大隈の勧告にも従わず、学長を続ける意思を明らかにしました。そこで、維持員会は学長を当面置かず、理事七名によって運営を行うことを決め、大隈の承認を得ます。高田は名誉学長の称号も終身維持員も辞退し、天野も学長を退任します。

騒動の収束と渋沢栄一

それでも天野派の動きは収まらず、早稲田劇場で高田派への弾劾演説会を開催、一三〇〇名もの学生の前で、石橋湛山や尾崎士郎らが演説を行って、理事の解任と市島謙吉らを大学に関与させないという要求を決議しました。維持員会は、学生側の要求を受諾せざるを得ません。大隈の依頼で、渋沢栄一（しぶさわえいいち）を委員長とする校規改定調査委員会（こうきかいていちょうさいいんかい）が設置されます。

大隈は、天野の処分を求めましたが、渋沢らは消極的でした。結局、天野は維持員を辞職し、早稲田実業学校の校長に戻ります。やがて、新たに選出された維持員によって、平沼淑郎（ひらぬまよしろう）を学長に、大隈重信を総長に選出することで、ようやく騒動は終結しました。

渋沢は他にも、基金管理委員長を長年務め、自身も大学に対して多額の寄付をしています。

大隈は、創立三十五周年の基金集めに対する渋沢の尽力に対して、新旧維持員招待会の際に次のように述べています。

此(こ)れ全く渋沢男爵及(および)諸君の御尽力の為に此(この)平和を得たるものなり。今日は已(すで)に動揺を一掃して、恰(あたか)も低気圧の去りたる跡に青天を見るが如(ごと)き感あるものは、渋沢男を始め諸君の賜(たまわ)りと厚く感謝の意を表す。

『早稲田学報』二八五号、一九一八年

大隈は、「感謝の意」を具体的に示すため、渋沢を終身維持員(しゅうしんいじいん)に推薦しました。当時の推薦リストには、ほかに高田早苗・坪内逍遥らが名を連ねていました。こうして渋沢は、高田・坪内ら早稲田大学の創立功労者たちと並ぶ存在に位置づけられたのです。

三代学長 平沼淑郎（一九一八～一九二一年）

初代学長である高田早苗（一九〇七～一九一五年）・二代学長である天野為之（一九一五～一九一七年）については、すでに述べています。早稲田騒動の後、一年空席であった早稲田大学の学長に就任したのが平沼淑郎（ひらぬまよしろう）です。前年までの早稲田騒動により、早稲田大学は、創立以来の功労者である天野為之のほか、多くの教員が大学を去りました。騒動後の大学執行部の最重要課題は、教職員や学生・校友にまで走った亀裂を修復することでした。平沼は、事態の収拾に尽力し、これを解決していきます。

平沼淑郎は、津山（つやま）藩士の家に生まれ、実弟は、のちに総理大臣を務める平沼騏一郎（ひらぬまきいちろう）です。東京大学文学部を卒業すると、ジャーナリストである丸山作楽（まるやまさくら）の忠愛社（ちゅうあいしゃ）に入りますが、三年ほどで退社、教育界へと身を転じます。郷里である岡山県の師範学校を振り出しに、仙台の第二高等中学校教授、大阪市立大阪高等商業学校長などを歴任し、この間、大阪市助役として市政にも参画しています。

一九〇四年、早稲田大学に商学科（しょうがくか）が新設されると同時に招聘（しょうへい）を受けます。平沼は、西洋商業史の講義や社会経済史の研究に打ち込みながら、商学部長、早稲田中学校長そして学長と、数多くの役職を受け持ち、精力的に校務に励みました。平沼の学長就任式で、総長の大隈重信は、平沼の辛苦艱難（しんくかんなん）に満ちた半生に触れつつ、その経験に裏打ちされた「調和の力、経営の才」を称（たた）えています。未曽有（みぞう）の混乱の時期に、その収拾に適する能力を持つ平沼の存在は、早稲田大学の継続に不可欠なものでした。

四代学長 塩沢昌貞（一九二一～一九二三年）

早稲田の出身者として初めて学長を務め、さらに、一九二二年に没した初代総長大隈重信の後を継いで、第二代総長（一九二三年）に就任したのが、塩沢昌貞です。一八九一年に、東京専門学校英語政治科を卒業した塩沢は、アメリカのウィスコンシン大学大学院やベルリン大学への留学などを経て、一九〇二年より早稲田大学で教鞭を執りました。早稲田大学では、大学部政治経済学科長、政治経済学部長、理事などを歴任する一方で、財団法人協調会が創設した社会政策学院の院長を務めるなど、経済学の碩学として広くその名を知られました。語学に堪能で博識な塩沢は、「大隈さんの知恵袋」と呼ばれるほど、大隈重信から厚い信頼を受けていました。大隈邸（現在の大隈庭園）に足しげく通っては、様々な知識を提供し、大隈が自邸で各国要人と対談する際には、通訳として臨席しました。

一九二一年、塩沢は平沼淑郎の後任として、第四代学長に就任します。翌二二年の大隈重信の死去に際しては、葬儀委員長を務めたほか、アルバート＝アインシュタイン（ベルリン大学教授）などの海外著名人の来校には、大学の代表者として応対しました。

そして、一九二三年には、総長に就任します。これは、大隈逝去の後に行われた寄附行為（きふこうい）（学校法人の根本規則）の改訂によります。この改訂によって、それまで学長と称していた本学代表者を総長と改称することになり、新寄附行為の施行に伴い、学長の塩沢がそのまま総長に就任したのです。もっとも、塩沢の総長就任は、新寄附行為に基づく新しい陣容が定まるまでの臨時措置で、一週間足らずでその地位を高田早苗に譲りました。

第四代総長 田中穂積（一九三一～一九四四年）

第三代総長の高田早苗（一九二三～一九三一年）については、すでに述べています。それを継いで、第四代総長となったのが、田中穂積（たなかほづみ）です。

田中穂積は、長野県の出身で旧制の松本中学を病気で中退した際、「通信講義録」で独学したことを機に、東京専門学校邦語政治科（ほうごせいじ）に編入しました。卒業後、「東京日日新聞」記者、東京専門学校研究科を経て、米・英に留学し、経済・財政を専攻して学位を取得、早稲田大学に就職しています。田中は、創立五十周年を機に大学の施設を木造から鉄筋コンクリートに改築しました。そのとき田中は、持ち前の経営手腕を発揮したと言います。

田中の在任期間は、満州事変からアジア太平洋戦争に至る時代であり、デモクラシーの根拠地であった早稲田大学は、戦時統制下で政府に危険視され、難しい舵取りを迫られます。4で述べる「津田事件」の際、田中は津田に辞職を迫ります。同じく文学部教授で日本近世史の京口元吉が、警視庁から「反軍国的マルキスト」で「自由主義的」という容疑をかけられた時も、田中は京口に辞表提出を促しました。津田も京口も身に降りかかった嫌疑に憤慨しましたが、「善処」を求める田中に説得され、津田の言葉によれば「学校が非常に窮地に陥る」ことを憚って、身を引いたのでした。

津田のほかにも、多くの教員が、政府から思想・研究内容を問題視され、あるいは摘発されました。その際、田中は弾圧に抵抗し、かれらの名誉を守るという姿勢をほとんど示していません。ただ、津田事件の公判終了後、橋田邦彦文相より田中に宛て、「平素監督並に訓育宜しきを得ざりし」として「教職員の指導監督、学生の練成指導に力を煩し、其の職務遂行に遺憾なきを期すべき」との戒告が発せられているように、早稲田大学存続の危機を肌で感じる立場ではありました。

一九四三年、在学徴集延期臨時特例が公布され、いわゆる学徒出陣が実施されます。戸塚道場（旧・安部球場）で開催された出陣学徒壮行会で、田中は、「今こそ諸君がペンを捨てて剣を取るべき時期が到来した」「勇士は出陣に当つて固より生還は期すべきでない」と訓示したとされます。翌日には「最後の早慶戦」が開かれる、その会場での出来事でした。

大学の最高責任者が、自校の学生に対し「生きて帰るな」と述べることは、教育機関にとって自己否定となります。ただし、このとき田中は、「早稲田大学は諸君を社会人として世に送り出すのが目的である。諸君らは軍隊に行くとしても必ず生還して社会に貢献してほしい」と述べた、との証言もあります。活字化された訓示とは相反する内容ですが、官憲の目の届かないところでは、田中はそのように語ったのでしょう。

翌年、田中穂積は肺壊疽のため総長在任のまま、この世を去ります。

第五代総長 中野登美雄（一九四四〜一九四六年）

アジア太平洋戦争下、戦局が激しさを増す一九四四年に総長に就任したのが、中野登美雄です。中野は、北海道の出身で、一九一六年に、早稲田大学大学部政治経済学科を卒業、研究科に進学の後、米・独・仏の留学を経て、早稲田大学に就職しました。

日本の学者は「翻訳的学問」を脱し得ておらず、「大きな襟度でドッシリとした態度で独立の研究を進めるやうにしたい」と語った中野は、いわゆる「統帥権の独立」に関する研究を行いました。戦前、軍の統帥権は、国務大臣の輔弼の範囲外という慣行があり、これが軍部独走の原因となっていました。これに対し、中野は「統帥権の独立」を認める憲法解釈を疑問視し、将来的に国務大臣の下に統帥権を収めることを展望しました。一九三〇年に提示されたこの見解は、当時の学界で最も軍部に挑戦的なものでした。

やがて、中野は一九三四年の著書『統帥権の独立』では、軍部への批判意識を後退させ、戦時下ではその傾向が一層強まりました。中野は、「時勢と共に生き時勢と共に進む」「一種の国士的性格」を持つと評されていますので、単純な時局への迎合ではなかったのでしょうか。

一九四五年の「山の手大空襲」は、早稲田大学にも及びます。大学に下賜されていた「御真影」や勅語・詔勅の謄本を持って、中野は避難しますが、持病のため途中で歩けなくなります。この後、中野の病状は悪化しました。

敗戦後、大学再建の重任を担う中野には、公職追放の恐れがありました。大学内外で戦意高揚に努め、大日本言論報国会（大東亜戦争遂行のため言論統制をした情報局の指導の下にある唯一の評論家団体）の理事などの要職を務めた中野は、追放を予知し、一九四六年に病気を理由に総長を辞任します。

中野は大学を去る時、「総長公選制」を提唱します。これまで総長は、理事の互選による選出でしたが、今後は全教職員の選挙によるべきである、と中野は辞任時に述べたと言います。その後、導入されたこの制度で最初に選ばれた者が、津田左右吉でした。

4　津田事件

津田左右吉の学問と方法論

津田左右吉は、「通信講義録」の購入により早稲田に入学し、日本史家として『古事記及び日本書紀の新研究』・『神代史の研究』を著し、史料批判に基づいて、応神よりも前の天皇は、系譜も含めて史実ではなく、記紀神話は皇室が国民を支配するという思想を前提に、それを物語として展開したものである、としました。そののち、日本のあり方を追究するため、東洋思想の研究に進み、『左伝の思想史的研究』・『道家の思想と其の開展』・『論語と孔子の思想』・『シナ仏教の研究』などで、儒教・道教・仏教の成立を解明していきました。

津田左右吉の研究の特徴は、文献学に基づく徹底的な史料批判と近代的合理性によって、日本と中国の古代史・古代思想を解体し、それを再編成したところにあります。『支那思想と日本』において、日本が中国思想の影響を受けていないと述べたことも、同じ人類の思想

津田左右吉。早稲田の中国学の基礎を築いた（早稲田大学大学史資料センター所蔵）

が、民族・社会・生活・文化の違いによってなぜ異なるのか、というそれぞれの思想の「異別化」だけを目的としてはいません。その思想が人類の生活と世界の文化にどのような働きをしたのか、という普遍性の観察・研究を津田は学問の目的と考えていました。

東京帝国大学への出講

こうした津田の研究を高く評価した東京帝国大学は、一九三九年、法学部に新設した東洋政治思想史講座への出講を要請します。津田は辞退したものの、のちに東京帝国大学の最後の総長となる南原繁からの懇請により、短期間の特別講義ということで受諾しました。

「先秦政治思想史」と題された津田の講義が終わると、教室から質問の声があがります。のちに日本政治思想史研究の第一人者となる、同席していた助手の丸山真男によれば、質問の内容は、日本と中国を包括する「東洋文化」は存在しないとする津田の学説を、「東亜新秩序」の創造を目指す日中戦争の意義を否定するものではないかとするもので、講義の内容ではなく、前年に津田が刊行した『支那思想と日本』に関わる非難でした。

津田を糾弾したのは、右翼の蓑田胸喜が設立した原理日本社に属する学生たちでした。これまでも機関誌『原理日本』などを用いて、天皇機関説事件を起こして美濃部達吉など権威ある学者を次々と失脚させていました。津田が蓑田らの長年の標的である東京帝国大学法学部に出講したことで、蓑田らは津田批判を本格化させます。蓑田は、「早稲田大学教授・東京帝国大学講師文学博士津田左右吉氏の神代及上代抹殺論に就て」と題する声明書を作成し、津田の記紀研究を批判し、『古事記及日本書紀の研究』・『神代史の研究』などで展開される津田の議論を「日本国体」と「神道」を滅ぼすものであるとしました。蓑田らはやがて津田攻撃の論稿をまとめ『原理日本』臨時増刊号を刊行し、小原直内務大臣らに手渡し、「もしこれを起訴しないというならば、あなた方も津田さんと同じような皇室に対する考えを持っているんだな」などと詰め寄って、早急に処分を下すよう強要したのでした。

津田の辞職

田中穂積総長は、吉江喬松文学部長らと共に津田に面談し、蓑田に指摘された著作を津田が「自発的に」絶版にし、日本関係の講義も取りやめることを決めました。著書の絶版は、執行部側の要請で、津田は当初、断固拒否しました。しかし、田中総長が文部省から何らかの指示を受けているのを察し、自分が拒否の姿勢を貫けば、「総長を非常な窮地に陥(おとしい)れるやう」に思い、「学校に対する長い間の情誼(じょうぎ)」を重んじて、これを受け入れたのです。

一九四〇年、文部省の意向を受けた理事会は、「可及的速(すみやか)に津田氏の善処を求むることに一決し」、田中総長が「津田君より辞任を申出(もうしい)づ」と日記に残したように、津田の辞任が決まったのです。田中総長は、ここでも辞任は津田の申し出によるとしていますが、後に津田は、「私が責任を負つてやめた訳ではありませぬ」と述べており、文部省の辞職要求を前に、学校が非常に窮地に陥(おちい)ることを顧慮した上で、「私自身が身を引いた方がよかろう」と判断をしたとしています。

裁判の経過

内務省は、岩波書店から発行された津田の著書である『神代史の研究』・『古事記及日本書紀の研究』を発行禁止処分に、『日本上代史研究』・『上代日本の社会及び思想』を一部削除処分としました。担当検事は、津田と出版者の岩波茂雄(いわなみしげお)（岩波書店創業者）を出版法違反と判断して、予審(よしん)を請求する公訴を提起します。岩波は、津田に裁判などの費用負担を約束するとともに弁護士を選任します。予審は、東京刑事地方裁判所で行なわれ、津田には二九回、岩波には三回の訊問が行われました。この間、岩波から相談を受けた近代日本を代表する哲学者の西田幾多郎は、近代日本を代表する文学者の幸田露伴と協議のうえ、司法大臣に面会して、津田事件の不当性を申し立てています。

予審は、津田・岩波両被告を出版法の違反、具体的には、「皇室の尊厳を冒瀆し、政体を変革し又は国憲を紊乱せむとする文書図画を出版」したと判断し、公判に付すことにしました。三日後、橋田邦彦文部大臣は、田中総長に対し、津田事件の発生を「畢竟平素監督竝に訓育宜しきを得ざりし結果と認めらるる」と断じ、「向後一層教職員の指導監督、学生の錬成指導に力を効し、其職務遂行に遺憾なきを期すべし」とする「戒告」を発しました。

公判では、津田の学説が、「神武天皇より仲哀天皇に至る御歴代天皇の御存在に付疑惑を抱かしむる」か否かが争点となりました。津田は、裁判所に対して、「教師が学生に話をしたりその質問に答へたりするやうな気分で」、「真の歴史を建設するための基礎工事」として の史料批判の重要性を説明し、記紀に行なった史料批判の妥当性を主張します。この間、岩波茂雄は、西欧史学者の羽仁五郎らに相談し、学問上で津田と反対の立場の人という配慮から、倫理学者の和辻哲郎東京帝国大学教授に出廷を依頼します。和辻は、津田の学問こそ古典の理想を真に生かすものである、と証言しています。このようにして、二一回に及んだ公判の結果、第一審判決は、問題となった著書のうち、『古事記及び日本書紀の研究』のみを出版法に抵触したものとし、津田に禁固三カ月、岩波に禁固二カ月、二人とも執行猶予二年を宣告しました。判決の二日後、検事局が控訴し、津田側も控訴手続を執りました。

控訴審では、津田は約六カ月を費やして「学問的研究によって真実を明かにすればするほど、皇室の尊厳は明かになる」という信条に基づいた「上申書」を執筆し、控訴院へ提出します。しかし、その後、控訴審が開かれることはなく、一九四四年、控訴院は、この裁判が「時効完成により免訴」となった旨を宣告します。

総長への選出

裁判中の津田について、羽仁五郎は「ほとんど孤立して苦闘していた」と述べていますが、羽仁をはじめ、津田を支援した知識人は少なくありませんでした。津田を招き、事件の発端を作った南原繁は、第一審の判決を前に、津田の無罪を求める「上申書」を起草しています。また、丸山真男らが大学教員を中心に集めた署名には、第一回文化勲章の受賞者である幸田露伴を筆頭に、八八名が名を連ねました。津田はその一人一人に対し、礼状を出しています。ただし、その署名者数を関係者を含む所属大学別に分けると、東京帝国大学三三名、東北帝国大学一五名、京都帝国大学九名に対して、早稲田大学は一七名と決して多くありません。津田事件後、文部大臣から「戒告」を受けた早稲田大学は、困難な立場に置かれていました。それでも、津田に対する敬意から署名した、行政法学者の柳瀬良幹東北帝国大学教授は、こうした早稲田大学の姿勢を「私学というものは国家権力に対して如何にも弱いものだと思い、それには何か我々にはわからない隠れた事情があるのだろう」と婉曲に批判しています。

　内心では同情を寄せながら、表立っての支援を躊躇する者も多い中、津田は教え子らと組織する東洋史会への出席や、学術雑誌での発表を行うほか、裁判を支援した西田幾多郎や愛弟子の栗田直躬、ファシズムを批判して同じく裁判闘争をしていた経済学者の河合栄治郎東京帝国大学教授らと、交流を続けながら敗戦を迎えました。

　一九四六年、初めての総長選挙で、早稲田大学は、津田左右吉を総長に選出しました。疎開先の平泉でその報を受けた津田は、研究への専念を理由に、再三の就任要請を固辞しました。その際、津田から相談を受けた南原繁は、早稲田大学の態度に、「早稲田はいままで何もしなかったのに」と述べました。あるいは、柳瀬良幹は、「何ぼ何でも余りに恥知らずな御都合主義」である、としています。しかし、戦時中、文部大臣から「戒告」を受け、津田に何もできなかった早稲田大学関係者の思いが、津田への投票には込められているのです。

第六章　留学生・女性教育とスポーツ

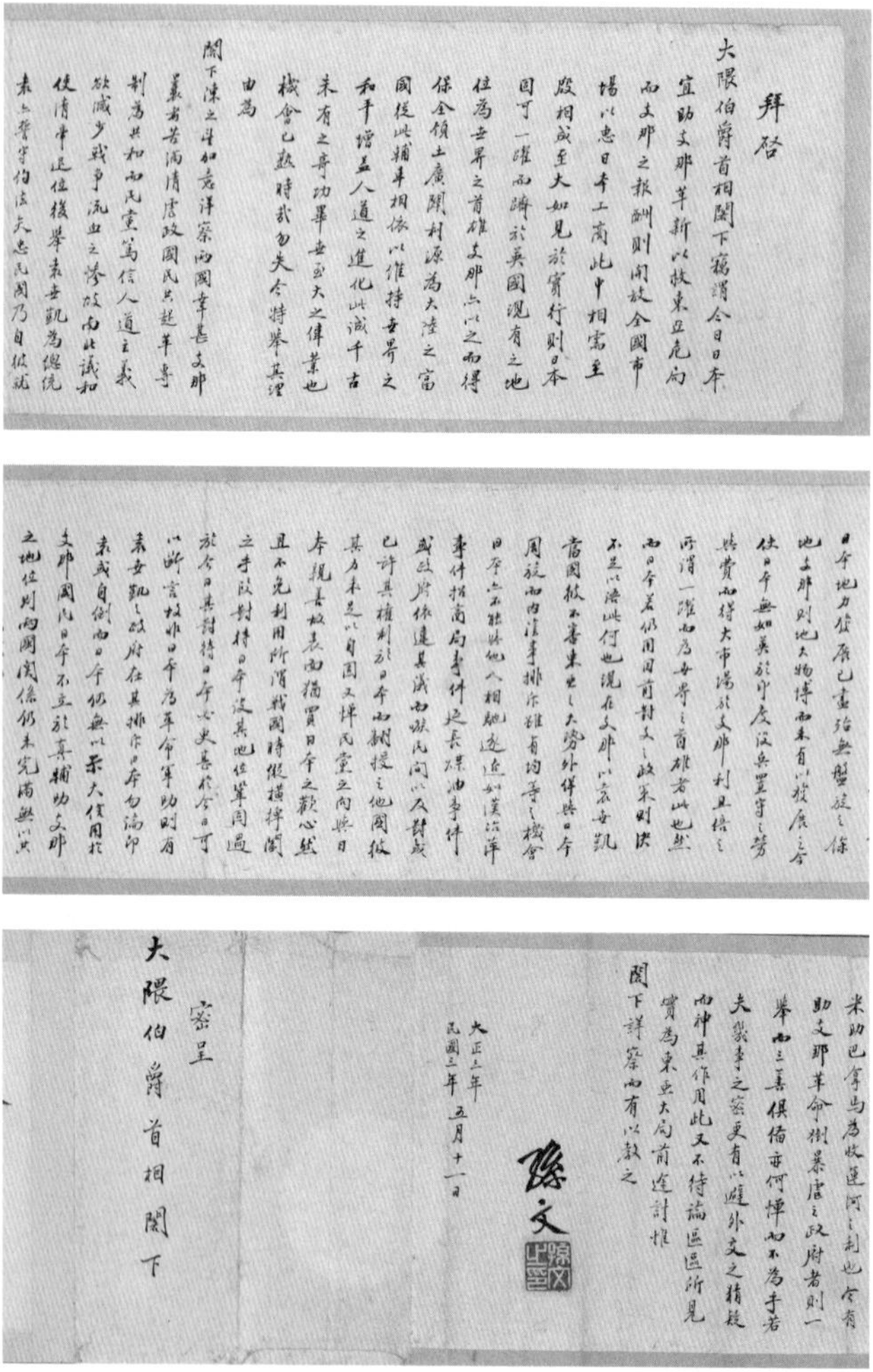
拜啓
大隈伯爵首相閣下竊謂今日日本
宜助支那革新以救東亞危局
而支那之報酬則開放全國市
場以惠日本工商此中相需至
殷相成至大如見於實行則日本
国可一躍而躋於英國現有之地
位為世界之首雄支那亦以之而得
保全領土廣闢利源為大陸之富
國從此輔車相依以維持世界之
和平增益人道之進化此誠千古
未有之奇功罕世至大之偉業也
機會已熟時哉勿失今特舉其理
由為
閣下陳之且如左詳察兩國事甚支那
義者若滿清虐政國民共起革專
制為共知而民黨篤信人道主義
欲減少戰爭流血之慘故而此議和
使清帝退位後舉袁世凱為總統
袁之警字伯法夫忠民國乃自彼就
日本地力發展已盡殆無盤旋之餘
地支那則地大物博而未有以發展之今
使日本無如英於印度設兵置守之勞
費而得大市場於支那利且倍之
所謂一躍而為世界之首雄者此也然
而日本若仍用目前對支之政策則決
不足以臻此何也現在支那以袁世凱
當國彼不審東亞之大勢外佯與日本
周旋而內陰事排斥雖有均等之機會
日本亦不能與他人相馳逐如漢冶萍
事件招商局事件延長煤油事件
或政府依違其議而嗾民間以反對或
已許其權利於日本而翻授之他國彼
其力本足以自國又俾民黨之向與日
本親善者故表而獨買日本之歡心然
且不免利用所謂戰國時縱橫捭闔
之手段對待日本使其地位單周遍
於今日其對待日本必更甚於今日可
以斷言故非日本為革命軍助則有
袁世凱之政府在其排斥日本勿論即
袁或自倒而日本仍無以求大信用於
支那國民日本不立於真輔助支那
之地位則兩國關係仍未完滿無以共
米助己奪占為收蓮河之利也今有
助支那革命樹暴虐之政府者則一
舉而三善俱備爭何憚而不為乎若
夫敝事之密更有以避外交之猜疑
而神其作用此又不待論區區所見
實為東亞大局前途計惟
閣下詳察而有以教之
大正三年
民國三年　五月十一日
孫文
密呈
大隈伯爵首相閣下

孫文の大隈宛て書簡。革命への支援を要請している（早稲田大学図書館所蔵）

1　清国留学生部

支那保全論

早稲田大学の特徴は、留学生の多さに典型的に表れる国際性と女性の多さに現れる多様性です。早稲田大学は現在、日本で最大級の女性の在学者数が多い大学になっています。また、文武両道の大学でもあります。世界水準の研究大学でありながら、オリンピックで金メダリストを輩出している大学なのです。本章では、それらの特徴の由来を述べていきます。

大隈は、すでに述べたように、支那保全論（しなほぜん）を掲げて、中国の近代化は、地理的にも文化的にも近い日本にこそ、それを扶助すべき使命がある、と主張しました。そして、一八九八年に、清朝で立憲君主政を目指して変法自強（へんぽうじきょう）運動を展開し、西太后（せいたいこう）に敗れ日本に亡命していた康有為（こうゆうい）・梁啓超（りょうけいちょう）を保護しました。

これに対して、「隈板内閣」崩壊後に成立した第二次山縣有朋（やまがたありとも）内閣は、康有為・梁啓超を日本から追放することを画策します。大隈は、伊藤博文と協力してこれに対抗し、康有為が日本から出国する代わりに、梁啓超が残れるようにしました。のちに、康有為は、再び来日し、大隈を訪問して感謝の意を伝え、早稲田大学で講演も行っています。一方、梁啓超は、大隈の支那保全論を翻訳して雑誌に発表し、それを清国内に広く知らしめました。

大隈は、清国政府の依頼を受け、数多くの人材を政府顧問として送り出し、近代化を支援します。一九〇一年に、北京の学堂（教育機関）に教員二名を送ったことを皮切りに、人材を派遣していきました。

清国留学生部の設立

東京専門学校では、中国人の人材を養成するために、一八九九年以降、清国人留学生を受け入れて、日本人学生と同じ環境で高等教育を授けました。一九〇五年、科挙の廃止を機に、多くの清国人留学生が来日するようになると、早稲田大学の学監（校長の補佐役）であった高田早苗は、かれらのために教育部門を設立することにしました。そして、教育事情の視察のため、中国学者の青柳篤恒と共に中国に渡航します。そして、洋務派として科挙を廃止した張之洞、のちに孫文の革命の成果を奪って中華民国の大総統となる袁世凱などの有力者と面談します。なかでも、『勧学篇』を著し、留学をするのであれば、西洋よりも東洋がよいと述べ、日本への留学を主唱していた張之洞との面談は有効でした。

　こうして一九〇五年、予科と本科の三年の課程、および研究科をもつ「清国留学生部」が開校しました。津田左右吉も、清国留学生部における日本語講師が、早稲田大学での最初の仕事となっています。早稲田大学は、清国留学生のために、特別なカリキュラムを組み、寄宿舎を建設しました。

　やがて、中国国内の中学・師範教育機関の増設や促成教育留学生の派遣停止などにより、一九一〇年、清国留学生部は閉鎖されます。それ

清国留学生部の授業風景（早稲田大学大学史資料センター所蔵）

でも、中途入学者を含めると、約二〇〇〇名の留学生が、清国留学生部に学びました。そして、清国留学生部を閉鎖した後も、早稲田大学には、数多くの中国人留学生が集まりました。それは現在まで続いています。

孫文と大隈重信

一九一一年、辛亥革命により清朝を打倒した孫文は、大隈と深い関わりを持ちます。一八九五年、広州起義に失敗した孫文は、日本・米・英を転々としたのち、九七年「松隈内閣」下の日本に入国します。外務大臣であった大隈は、犬養毅の仲介により、孫文に日本居留を許可しています。ただ、康有為や梁啓超という一流の学者に比べると、漢学の素養に乏しい孫文を大隈はそれほど重視していませんでした。この時期の大隈は、康有為ら清朝改革派に期待を寄せていたのです。

革命が成功したのち、一九一三年二月に孫文が日本を訪問すると、大隈は自邸で招待会を開催しました。大隈は、「二十年来の旧友」の成功を祝し、日本も中国も共に西洋文明をより一層吸収しつつ、王道思想でそれを統御し、共に手を取り合っていこう、と演説します。

これに対して、孫文は、早稲田大学で学んだ多数の留学生が各地に活躍した結果、今回の革命を成し得たこと、かつ自らも南京在留中に、早稲田大学の教員であり、天皇機関説を初めて唱えた副島義一らの助力を得たことなどについて感謝を述べています。

国民党が選挙で勝利することで、袁世凱との対立が深まり、袁世凱は国民党の指導者であり、かつて早稲田に学んだ宋教仁を暗殺します。孫文は、一九一三年七月、第二革命を起こし、武装蜂起により袁世凱の打倒を目指しましたが、敗退し、またも日本に亡命します。大隈は、このときも、孫文ら亡命者を日本政府が保護すべきことを主張しています。

大隈が第二次内閣を組織すると、孫文は袁世凱政府の打倒の支援を求めます。その際、孫文は満州のほか、多くの中国利権を抵当にして支援を受けることを申し出ますが、大隈は応じませんでした。大隈は、あくまで現政権の袁世凱と交渉して、対華二十一ヵ条要求により、権益の確保を図ります。中国の安定と経済的利益を確保することを目指すという方向性は、支那保全論以降、変わることはありませんでした。

なお、多くの中国人留学生が、英語ではなく日本語で高等教育を行う早稲田大学に留学したことは、中国語のなかに多くの日本起源の漢語が含まれる原因の一つとなりました。「科学」・「哲学」・「郵便」など新しく日本で造語された漢語、「自由」・「観念」・「革命」など古典中国語で用いていた言葉に、新たな意味を日本で加えた漢語が、本格的に中国語に取り入れられたのです。もちろん、「平等」・「民主」・「国債」など、洋務運動のころから今と同じ意味で中国で使われていた漢語が、日本語として定着したものも多くあります。日本と中国は、漢語を共有しながら、近代化を進めてきたのです。

中国革命と早稲田大学

孫文が言及したように、早稲田大学で学んだ中国人には、中国国民党を率いる孫文の革命、さらには中国共産党の革命に大きな影響を与えた人物が数多く存在します。

一九〇五年、孫文は、清朝の打倒を目指し中国同盟会（ちゅうごくどうめいかい）を東京で結成しましたが、清国留学生部の卒業生の中で卒業後の動向を確認できる一三九名のうち、三〇名が中国同盟会に加入しています。

袁世凱の独裁に対して、政党政治の必要性を主張し、革命組織を改変して国民党を結成し、事実上の党主として活躍した宋教仁（そうきょうじん）は、清国留学生部に中途入学しています。大隈の理想とした政党政治を早稲田で学んだ宋教仁は、袁世凱はもとより孫文までもが、強大な権力を持つ大総統による政治を目指したのに対して、民主的な議院内閣制を主張しました。袁世凱による宋教仁の暗殺は、中国政治の一つの転換点であり、宋教仁が暗殺されなければ、中国は法の支配のもとで、近代化を進めた可能性があったと説く論者もいます。

一九二一年、上海で北京大学文科学長の陳独秀と北京大学図書館長の李大釗、元北京大学図書館司書の毛沢東らが結成し、やがて中華民国を大陸から追いやった中国共産党も、早稲田大学と深い関わりを持ちます。

中国共産党の初代総書記となった陳独秀は、一九〇一年に日本に渡り、東京専門学校に学んで、学問を志しました。中国の現実に絶望した陳独秀は、日本で「中国国民の唯一の希望は、外国人による分割だけである」などと、厭世的な文章を書いていました。これを友人の李大釗に批判された陳独秀は、一九一五年に帰国し、上海で『青年雑誌』（のちの『新青年』）を創刊して、「民主」と「科学」を中国に取り入れることを提唱した文学革命を始めました。中国近代文学の父である魯迅はこれに共鳴し、毛沢東も『新青年』に投稿して、陳独秀を「思想界の明星」と絶賛しています。これに注目した北京大学総長の蔡元培により、北京大学の文科学長に迎えられていたのです。

李大釗は、一九一三年に日本に渡り、早稲田大学に入学し、日本の社会民主党（一九〇一年に結成、即日禁止）の創始者である安部磯雄の影響を受け、マルクス主義に触れています。なお、安部磯雄は、早稲田大学野球部創設者でもあり、「日本野球の父」と呼ばれています。李大釗は、中国共産党成立の翌年、コミンテルンの指示で上海に赴き孫文と会見し、一九二四年には、第一次国共合作に参加しますが、二七年に殺されています。また、一九一八年から早稲田大学で学んだ彭湃は、早稲田大学を中心に結成された学生運動団体である浅沼稲次郎らの「建設者同盟」に加入し、農村問題についての調査・研究に取り組みました。卒業後、故郷に戻った彭湃は、大地主であった実家の土地を農民たちに分配するなど、中国農民運動の先駆者に成長しましたが、一九二九年、三十三歳の若さで銃殺されています。

毛沢東は、湖南省立第一師範で、国文教員であった湯増璧の強い影響を受けて、革命運動に身を投じますが、湯増璧は清国留学生部に学んでいます。宋教仁の推薦により中国同盟会に参加した湯増璧は、中央機関報『民報』の副編集長に任命され、編集長の章太炎を助けて革命の宣伝のために多くの文章を書き、孫文に絶賛されています。湖南省立第一師範では、学生に中国や世界の情勢、中国同盟会の主旨などを教え、毛沢東のほか、初期共産党の理論を担った蔡和森など多くの学生を革命に導いています。

　中国国民党の幹部であり、孫文の盟友であった父の廖仲愷の子として、早稲田大学近くの大久保で生まれた廖承志は、少年時代を東京で過ごしました。中国に帰国後、父が暗殺されると再来日して、早稲田大学附属第一高等学院（早稲田大学高等学院の起源の一つ）で学びます。戦後、日本と国交のなかった一九五〇年代に訪日し、対日関係の窓口として活動を行い、一九六三年には中日友好協会の会長に就任、一九七二年の日中国交正常化に際しては、毛沢東や周恩来の通訳を務め、江戸っ子言葉も話せる流暢な日本語で、日中間の漢字の違いから生ずる誤解を防ぎ、国交の正常化に努めています。

　このように、中国の革命や日中の国交正常化に関わった中国人が多く早稲田大学の出身者であるため、今でも中国から多くの留学生が早稲田大学に学びに来るのです。

2　女性教育の拡大

男女複本位制

一八九〇年、東京専門学校は、大演説討論会を開催し、約五〇〇名の参加を得て、「男女混合教育」の可否を論じています。また、大隈は、一八九六年、女子大学設立運動を進めていた成瀬仁蔵と会って援助を約束し、創立委員となりました。翌九七年、日本女子大学校（現・日本女子大学）の創立披露会において大隈は、次のような演説をしています。

> ちょっと譬えを申すなら、近頃貨幣の問題が世の中に盛りになって参りましたが、その貨幣問題には色々説がある。単本位、複本位、あるいは金本位、銀本位、金銀両本位という説がある。然るに日本ではこれまで単本位であった。即ち国民というものは男に限られた。社会のあらゆるものは男が支配するものであるという一つの本位説が行われた。またすべて男女の関係というものは、女子はただ服従の義務という本位を守らせら

れた。言換うれば服従主義、即ち国民というものは、単本位主義に今日までなっておりました。それで四千万の国民だと威張るけれども、なあに女子を除いてみると二千万の国民になる。こういう有様であります。其処で今度政府に於ては金本位——金単本位を採る事になりましたが、私は国民の上については両本位説を採りたいと思う。かく申すとなんだか、私は生意気な事を言うようでありますが、実は私は能く知りませぬが、随分男女同権という事、ある社会に於てはあるけれども、私の言うのはそういう意味ではないので、真個富国強兵の実を挙げんとせば必ずや女子の智識を開発上進し、女子の性格を高尚優美ならしめなければならんと言うのである。

青木恒三郎編『女子教育談』（青木嵩山堂、一八九七年）

大隈は、「国民」が男に限られていた、と男性支配の問題性を指摘しています。ただ、その説明は、富国強兵という国家目的からなされています。また、「男女同権」ではなく、「女子の智識」を開発するとともに「女子の性格を高尚優美」にせねばならない、と述べるように、その女性の権利の確保に限界があることは否めません。それでも大隈は、金本位制の制定を例に挙げながら、「男女複本位制」という巧みな議論を展開しながら、男女の協力がなければ、社会の進歩、文化の向上を図れないと主張しています。

女子教育の必要性

大隈は、一九〇一年に開校する日本女子大学校への支援のため、同校の創立委員長を務めて寄付集めに奔走し、渋沢栄一を紹介するなど、同大学の創設を発起した成瀬仁蔵を強力に支援しました。その熱心さは、大隈を日本女子大学校に取られてしまうのではないか、と早稲田関係者が危惧するほどであったと言います。

大隈は、女性こそが国民の基礎であ

初夏を彩る
學園女人群像
自由の鐘のもとで
理想に燃えつゝ精進

新らしい時代を呼吸してわれらの學園にも聽講生の女人群が歳と共に増加し自由の鐘のもとに男性に負けじと希望の胸を高鳴らせつゝ中華民國を筆頭に布哇生れの第二世、わが大和撫子等十數名が輝やく理想を目指していま一生懸命に精進してゐる、その姿こそは一万七千の男性方緑中に美しく咲いた學園の華であり誇りである

佛英獨語に通じ
ピアノも堪能
佛文科 盧韞菁さん（中華民國）

政經學部に…
麗しく配置
中華から留學の六孃

女子聴講生の活動を伝える「早稲田大学新聞」。掲載写真のうち、8人が中国人女性である＝1935年

り、その社会参加のためには、実業思想の普及が必要であるとしました。すなわち、女性が働くための基礎となるような教育・教養が必要であると述べたのです。そして、夫婦共稼ぎ、共働きは、文明の進歩に伴って必然化するとして、女性の労働への参画と、学問修得の意義を強調していきます。大隈の機関紙であった『報知新聞』は、他社に先がけて羽仁もとこ・磯村春子という女性記者を雇用しています。大隈が女性の社会進出に積極的であったことが分かるでしょう。

また、女性参政権についても、大隈は次のように述べています。

> 男女の間に優劣がなく、人格が同様である以上は、是れにも、選挙権を与へるのは当然の事で、殊に婦人たりとも、一家を創立し、租税を納むる限りは、選挙権は納税の義務に対する権利であるから、婦人にも此権利は与ふべきであろう。
>
> 大隈重信「男女の間に優劣なし」（『世界之日本』二―一〇、一九一一年）

このように、大隈重信は、一九一一年になると、男女同権の視座から、女性に参政権を認めるべきである、と主張するに至っています。大隈の日本女子大学校への支援は、男女同権の思想へと繋がっていくのです。

このため、第二次大隈内閣のもとで文部大臣となった高田早苗は、一九一五年に女性の大学教育を制度化する構想を発表しています。高田の構想の背景には、一九一四年に行った欧米への視察旅行がありました。高田は、欧米の大学では多数の女性が学んでいる事実に驚愕しました。それにより、女性への大学教育の有無は、国家の衰退、文明の進退に関わる重要なことと認識し、日本における女性への大学教育を構想したのでした。しかし、女性が大学で正式に教育を受けられるのは、まだ先のことになります。

早稲田大学と女性教育

日本の戦前の教育システムにおいて、女性は高等教育から排除されていました。現在の津田塾大学や日本女子大学などの学校も、法令上は専門学校という位置付けでした。高等教育機関で最初に女子学生を正規学生として受け入れたのは、一九一三年の東北帝国大学です。その後も、一九一七年に東京帝国大学が聴講生として受け入れた事例はあるものの、あくまで例外的な措置でした。

早稲田大学の女性教育は、一九二一年に聴講生として一二名を受け入れたことが始まりです。学長の平沼淑郎は、「今日女子の為に大学開放の論を聞いても、敢えて事新しき感じはせぬ。寧ろ却つて其遅きを憾む次第である」としています。実は、一九二〇年の大学令による大学への昇格に合わせて、早稲田大学の正規学生として女性の入学を検討したのですが、文部省の反対により実現には至らなかったのです。

正規学生として女性の受け入れを開始したのは、一九三九年のことです。初年度には法学部に一名、文学部に三名の女性が入学しました。一九四五年までに、政治経済学部に一名、法学部に四名、文学部に五一名の女性が、早稲田の地で学びました。入学者が少なかった理由は、女性自身の大学教育への必要性が十分には高まっていなかったこと、および予科としての高等学院が女性に開放されていなかったことなどが指摘されています。

一九四六年、早稲田大学は、学部の女性への開放を継続するとともに、高等師範部にも女性の入学を認めました。敗戦後の変革に伴い、参政権が付与されるなど女性の社会的地位の向上は著しく、女性教育の重要性を考慮したためです。高等師範部の社会教育科は、「女性史及女子教育史」、「婦人問題」などの科目を設けました。それらは、女性の社会的地位の向上や婦人参政権の実現を受け、新たな社会の建設への女性の役割を考えるものでした。

一九四九年、新制大学制度が本格的に実施されると、入学資格は新制高等学校卒業者となり、入学資格や入学順位は完全に男女平等となりました。もちろん早稲田大学も、高等学校卒業者を入学資格者とし、男女共学大学となりました。現在すでに文学学術院では、女性の入学者数が男性を上回り、それが多くの学術院に及ぼうとしています。

3 文武両道

体育のすすめ

一九二一年、大隈は始業式に際して、最後となる演説をしました。「集合の力」を重視する大隈は、まず、全学生を収容できる大講堂が必要であると訴えます。それが一九二七年に完成する大隈講堂です。さらに、専門分化による総合性の欠如を批判して、人間の基礎、社会の基礎を踏まえるべきことを要請しました。そして、大隈は、国際平和を破って戦争をすることを厳しく批判し、「文明文化は人殺しをやった」と、第一次世界大戦を総括します。

そして、「一生自己の力のあらん限り、勉強を続けて行かなければならぬ」と学生を叱咤激励したのです。その中で、大隈は体育の重要性について、次のように述べています。

> この健康を保つということについては種々な方法がある。近来はこれが頗る進歩した。すべての筋肉を動かすところの体操の如きも大いに進歩している。大いに研究されている。ところが少し本を読む人は体操を軽蔑する。あれは甚だ宜しくない。なんでも一日の中に一時間か二時間は無邪気に盛んに運動するが宜い。その方が勉強しても早く理解する。矢鱈に本を見てもどうかすると理解が出来ぬ。これは懶惰な勉強をしない人の口実にするところであるが、しかしその中にも一分の真理はある。身体さえ強くなっておれば読んだものを直ぐ消化する、直ぐ理解する。そうして記憶力が盛んになる。かくの如き勉強法は、何時までも継続する。弱い身体の付け元気は永持がしない。この学校に於て体育を奨励するその方法は今研究中で、早晩これを発表されるということを聞いて大いに我が意を得たるものであると喜びに堪えぬ。
>
> 「始業式に臨みて」（『早稲田学報』三一五、一九二一年）

このように大隈は、一生涯の事業として学問を続けていくうえで、健康を保つことの重要性を強く説いています。そして、学校における「体育」の奨励方法の研究成果を心待ちにしていたのです。

大隈自身のスポーツとの関わりは、始球式の逸話がとても有名です。一九〇八年、戸塚球場で開催された米大リーグ選抜チームと早稲田大学野球部の国際親善試合で、大隈は始球式を行いました。日本野球史上、記録に残る最古の始球式とされています。大隈の投球は、ストライクゾーンから大きく逸れましたが、早稲田大学の創立者にして総長であり、かつ内閣総理大臣を務めた大隈の投球をボール球にしては失礼であると考え、早稲田大学の一番打者で、当時の主将であった山脇正治は、わざと空振りをしてストライクにしました。これ以降、一番打者は投手役に敬意を表すために、始球式の投球をボール球でも、絶好球でも空振りをすることが慣例となったと言います。

早稲田倶楽部から体育部へ

東京専門学校は、一八八二年の学校創立直後から、さまざまな運動や武術に取り組んできました。開校翌年の一八八三年、王子の飛鳥山で初めての運動会が開かれています。小野梓は、日記に学生が球を投げたり、旗を奪い合ったことを記しています。

一八九五年、早稲田大学体育各部の源流である早稲田倶楽部が設立されます。ただ、創立間もない東京専門学校の体育は、武術が中心でした。当時は、後に早稲田スポーツの象徴となる野球・ラグビー・サッカーなどの西洋由来のものではなく、撃剣、柔道、相撲といった伝統武術が好まれていました。そのころ日本の武術は、全体として武道へと変化していく途上にありました。さらに、知育と徳育とが一体化した「体育」という考え方が、重視され始めました。

早稲田倶楽部が寄宿舎生の親睦団体として発足した背景には、武術から体育へと活動の中心を移行していこうとする意図もあったようです。倶楽部の規約に、「体育を盛にし徳義の実践躬行を重んず」とあるのは、運動を教育の一環と捉える思想が表現されています。早稲田倶楽部で行われる競技は、撃剣・相撲・テニス・野球の四種目とされました。ただ、学生たちに人気があったのは、依然として撃剣などの武術であり、テニス・野球という「ハイカラな運動」ではありませんでした。

一八九七年、東京専門学校は、体育部規則を制定します。初代体育部長には学校の幹事を務めていた市島謙吉が就任しました。体育部規則には、「体育の方法」として、郊外運動（運動会）・器械体操・撃剣・柔術・弓術・テニス・ベースボールが明記されています。体育部では学生から毎月体育費を徴収し、高名な師範を招聘して撃剣や柔術などの活動が行われました。

　このように、体育部発足後もしばらくは、学生の体育活動は、武術に集中していました。その傾向に変化が現れるのは、一九〇一年、第三代体育部長に、留学先のアメリカでテニスに親しんでいた安部磯雄が就任してからのことです。安部体育部長のもと、一九〇一年には野球部が、一九〇二年には庭球部が発足します。

安部球場

　安部磯雄は、「知識は学習から、人格はスポーツから」形成されると考え、とくに日本に伝えられて日の浅い野球の普及・発展に力を注ぎます。一九〇一年には、早稲田大学野球部の初代部長に就きました。一九〇四年、安部は野球部の集会で、「もし諸君が一高（旧制第一高等学校、東京大学教養学部などの前身）、慶應、学習院の三大強豪を破って、対抗試合に全勝したら、アメリカに連れて行きましょう」と宣言します。創部四年目の早稲田大学は、強豪たちをなぎ倒して全勝しました。それにより、野球史初の海外遠征が行われ、野球発祥の国アメリカで培われた数多くの技術・練習法などを持ち帰りました。安部は、これを早稲田部内の秘伝とはせず、著書や指導などによって日本全国に伝え、日本の野球技術発展の基礎を築きました。

安部は、野球論「野球の三徳」の中で、野球選手に精神修養が大切であることを説

ロサンゼルスへ向かう船上での野球部の選手たち（早稲田大学大学史資料センター所蔵）

いています。「第一は競技中、最後に至るまで同一の熱心を以て戦ふべきこと」、すなわち試合が不利であろうと最後までベストを尽くすこと、「第二は勝負に余り重きを置かぬこと」としました。安部は、勝敗に拘泥せず、平静沈着な精神に終始することを説いたのです。卒業後は人生という名の試合に立ち向かう選手（学生）に、最善を尽くし、難局にも平常心を保ち生き抜いて欲しいというのが、安部部長が野球を通して学生に伝えたいことでした。

こうした功績から、安部は「日本野球の父」と呼ばれます。早稲田野球部の本拠地であった戸塚（とつか）球場は、安部が大隈を説得して建てたもので、安部の死後「安部球場」と名称を改められます。現在は、その地に野球場はなく、図書館と国際会議場からなる学術情報センター（一八号館）が建てられています。ただ、入口の右側には、安部球場であったことを示す、二体の銅像が建っています。一人は安部です。

もう一人は、野球部初代監督である飛田穂洲（とびたすいしゅう）の像です。飛田は、「一球入魂」という言葉を生み出し、日本学生野球協会の設立に務めて、「学生野球の父」と呼ばれています。また、第二次世界大戦期間におけるアマチュア野球最後の試合である「最後の早慶戦」を遂行したことでも知られています。

「最後の早慶戦」と呼ばれる出陣学徒壮行早慶戦は、一九四三年、早稲田大学野球部と慶應義塾大学野球部により、早稲田大学の戸塚球場で行われた野球の試合です。学徒出陣が近づくなか、慶應義塾大学の小泉信三塾長から提案を受けた早稲田大学は、軍部や文部省の圧力により田中穂積総長が開催に難色を示します。総長の許可のないまま野球部の責任で試合は行われ、早稲田が勝利しました。試合から五日後、明治神宮外苑競技場で出陣学徒壮行式典が挙行され、多くの学生たちが出征し、両校の野球部員にも戦死者が出ました。一九四五年八月十五日の敗戦後、十月二十八日に開催された明治神宮野球場での全早慶戦から、戦後の野球は復活を遂げていくことになります。

なお、二〇一五年には、安部球場から移転した東伏見野球場が、安部の生誕百五十周年を記念して「安部磯雄記念野球場」の名称に改められています。

応援文化

早稲田スポーツの発展は、応援文化の発展にも繋がりました。日本における組織的なスポーツの応援は、一九〇五年の早慶野球戦で、早稲田応援団が臙脂の「ＷＵ」旗を振ったことに始まります。安部磯雄が帰国後に、カレッジエールを大学の寄宿舎生らに紹介したためです。早慶戦で初めて行われたカレッジエールは、「フレーフレー早稲田」だけではなく、「フレーフレーフレー早稲田」、「チェヤース、ラ、ラ、ラ、早稲田」などのエールも行われていました。早稲田大学の応援隊長をつとめた吉岡信敬（よしおかのぶよし）は、「虎鬚彌次将軍（とらひげやじしょうぐん）」の通称で知られ、バンカラの代名詞として、一学生でありながら、東京のみならず日本全国の学生にまで名を知られる存在となりました。

しかし、アップテンポの応援歌使用は、一九二七年の慶應義塾の「若き血」に先を越されました。球場の雰囲気に押された早稲田は、慶應に勝てない時期が続きます。これを打開すべく、早稲田は一九三一年、「紺碧（こんぺき）の空」を応援歌として歌い始めました。以後、学生が肩を組み「紺碧の空」を歌う光景は受け継がれてきました。

なお、この曲を作曲した古関裕而（こせきゆうじ）は、「紺碧の空」でその名を一躍知られることとなり、のちにプロ野球読売ジャイアンツの「闘魂こめて」や、阪神タイガースの「六甲おろし」を作曲することになります。

4　オリンピックとラグビー

水泳と陸上

早稲田の学生がオリンピックで活躍することは、水泳の高石勝男から始まります。高石は一九二四年のパリ大会では、第一高等学院の一年生として、水泳自由形一〇〇メートルおよび一五〇〇メートルで五位、八〇〇メートルリレーで四位に入賞しました。さらに、一九二八年のアムステルダム大会では、八〇〇メートルリレーで銀、一〇〇メートル自由形で銅の二つのメダルを獲得しています。なお、八〇〇メートルリレーは、新井信男・米山弘・佐田徳平の三人と共に銀メダルを獲得しましたが、新井信男・米山弘も、早稲田大学の卒業生です。早稲田大学の戸山キャンパス三八号館には、高石勝男を記念して建設された「高石記念プール」があります。

早稲田大学の、そして日本人として最初の金メダリストが、三段跳の織田幹雄です。商学部一年生に在学中の織田は、一九二八年のアムステルダム大会で、一五・二一メートルを跳び、金メダルを獲得しました。織田は、国内外の跳躍競技に関する文献や新聞記事、雑誌を収集し、最新の技術理論の吸収に努めました。理論を吸収すれば直ちに練習で実践し、丹念な記録をつけたと言います。体育を理論的に分析する早稲田の特徴です。また、早稲田大学競走部において、沖田芳夫（おきたよしお）、南部忠平（なんぶちゅうへい）、西田修平（にしだしゅうへい）といった仲間と出会ったことが、織田を支えました。沖田は広島第一中学校時代からの親友で、南部は織田と共にアムステルダム大会に出場しました。そして南部は、一九三二年のロサンゼルス大会では、三段跳で金メダルを獲得します。西田は、後輩として競走部に入部し、織田の指導を受けながら跳躍技術の向上に励みます。西田は、一九三二年のロサンゼルス大会、一九三六年のベルリン大会と二大会連続で、棒高跳（ぼうたかとび）の銀メダルを獲得しました。こうした競走部内における切磋琢磨と友情が、お互いの好成績に繋がったのでしょう。

友情のメダル

西田修平の二度目の銀メダルは、半分に切られ、同じく半分に切られた銅メダルと繋ぎ合わされています。これを「友情のメダル」と呼びます。一九三六年のベルリン大会の棒高跳は、四・二五メートルで三人が並び、順位決定戦の一本目で、西田と慶應義塾大学の大江季雄の二位、三位が確定しました。すでに日は没し、また日本人同士の順位争いであったため、西田は二人で二位を分け合うことを望み、打ち切りを提案します。

結局、四・二五メートルを一回目で飛んだ西田に銀が与えられましたが、西田はこれを不服とし、表彰式で大江を二位の台に上げ、自らは三位の台に立っています。帰国後に、銀メダルを持ち帰った大江の兄が間違いに気づき、西田のもとにメダルを届けます。悩んだ西田は、知人の経営する宝石店で二つのメダルを切って繋ぎ合わせ、銀・銅二色の「友情のメダル」が誕生したのです。

「友情のメダル」の物語は、かつて織田幹雄の文章により、小学校の国語教科書にも掲載されていました。

二つの東京大会

アジアで最初の開催となった一九六四年の東京大会で

「友情のメダル」（早稲田大学大学史資料センター所蔵）

は、戸山キャンパスの早稲田大学記念会堂が、フェンシングの会場となりました。記念会堂は、一九五七年、早稲田大学の創立七十五周年を記念して、建設された体育館でした。その後、約六十年、記念会堂は、授業や体育各部の活動に使われ、学生が汗を流し、自己鍛錬を重ねましたが、二〇一八年には、それに代わる施設として、多目的施設「早稲田アリーナ」(三七号館)が完成しました。早稲田アリーナは、卒業式・入学式などの式典だけでなく、国際大会公式戦会場に準じた仕様となっているため、運動練習場や競技場としても利用できます。そのほか、屋外パブリックスペース「戸山の丘」や早稲田スポーツの成果を華やかに展示する「早稲田スポーツミュージアム」、ラーニングコモンズの「W Space」やカフェなどがあり、多くの人々の交流を創出する拠点となっています。

話を一九六四年の東京大会に戻しましょう。この東京大会では、早稲田大学から二五名の学生と一八名の校友が出場しました。そのうち、上武洋次郎は、レスリングのフリースタイル・バンタム級で金メダルを獲得しました。上武は、一九六八年のメキシコシティー大会でも優勝し、オリンピック連覇を果たした日本最初のレスリング選手となりました。また、岩崎邦宏と岡部幸明が、水泳八〇〇メートルリレーで、銅メダルを獲得しています。

その後、五十七年ぶりとなるオリンピックが、二〇二一年の大会として東京で開催されました。本来、二〇二〇年の開催予定でしたが、新型コロナウイルスの世界的な感染拡大に伴い、一年延期されたのです。早稲田大学は、埼玉県所沢市と共に、所沢キャンパスにイタリア代表チームを受け入れました。また、東京都新宿区と共に、難民選手団の事前キャンプも受け入れています。

東京オリンピックには、八名の学生・二二名の校友が出場しました。そのうち、スポーツ科学部四年の須﨑優衣が、レスリング女子五〇キロ級で金メダルを獲得しました。現役女子学生が、オリンピックで金メダルを獲得するのは、早稲田大学としては初めてのことで、夏のオリンピックでは、卒業生も含めて女性初の金メダリストとなります。また、フェンシング部ＯＢの加納虹輝が、フェンシングの男子エペ団体で、金メダルを獲得しました。さらに、バスケットボール部ＯＧの本橋菜子が、バスケットボール女子で、銀メダルを獲得しています。

パラリンピックには、一名の学生と四名の校友が出場し、水泳部ＯＢの鈴木孝幸が、男子一〇〇メートル自由形（運動機能障害Ｓ４）で金メダル、男子五〇メートル自由形（運動機能障害S4）で銀メダル、男子二〇〇メートル自由形（運動機能障害S4）で銀メダル、男子一五〇メートル個人メドレー（運動機能障害SM4）で銅メダル、男子五〇メートル平泳ぎ（運動機能障害SB3）で銅メダルを獲得しました。

早稲田のメダリスト（夏季）

二つの東京大会に挟まれた五十七年間にも、早稲田からは、多くのメダリストが誕生しています。

一九六八年のメキシコシティー大会では、サッカーの釜本邦茂（かまもとくにしげ）が七得点を挙げ、アジア人初の得点王となり、チームも銅メダルを獲得しています。釜本は学生時代にも、四年連続得点王となり、早稲田大学の天皇杯制覇に貢献しています。それ以後、天皇杯で大学勢が優勝したことはありません。また、体操の加藤武司（かとうたけし）は、体操の男子団体で金メダルを獲得しています。

一九八四年のロサンゼルス大会では、レスリング九〇キロ級で太田章（おおたあきら）が銀メダルを獲得しています。太田は、二〇〇三年から早稲田大学スポーツ科学部助教授、一一年から教授として後進の指導に当たり、二一年の東京オリンピックでは、出身地の秋田県で一日目の聖火リレーのランナーとなっています。二〇〇四年のアテネ大会では、和田毅が、野球で銅メダルを獲得しています。二〇〇八年の北京大会では、藤井拓郎が、競泳の四〇〇メートルメドレーリレーで銅メダルに輝いています。藤井は二〇一二年のロンドン大会でも、同じ種目で銀メダルを取りました。二〇一二年のロンドン大会では、星奈津美が、競泳の二〇〇メートルバタフライで銅メダルを獲得しました。これは早稲田大学史上初となる現役女子学生の五輪メダルでした。星は、二〇一六年のリオデジャネイロ大会でも銅メダルに輝いています。同大会では、坂井聖人が競泳の二〇〇メートルバタフライで銀メダル、瀬戸大也が競泳の四〇〇メートル個人メドレーで銅メダルを獲得しています。

早稲田のメダリスト（冬季）

日本の冬季大会への参加は、一九二八年の第二回サンモリッツ大会が最初でした。この大会では、スキー・ノルディック種目の日本代表選手六名のうち、五名が早大の現役生とＯＢでした。

一九九二年のアルベールビル大会では、河野孝典と荻原健司が、ノルディック複合団体で金メダルを獲得しました。二人は、一九九四年のリレハンメル大会でも、同じ種目で金メダルを獲得して二大会連続の金メダルに輝きました。河野は、ノルディック複合個人でも銀メダルを獲得しました。

二〇一四年のソチ大会では、羽生結弦がフィギュアスケート男子個人で、日本初の金メダルを獲得しました。羽生は、二〇一八年の平昌大会でも同じ種目で金メダルに輝き、二連覇の快挙を達成しています。また、二〇一四年のソチ大会では、渡部暁斗が、ノルディック複合個人ノーマルヒルで銀メダルを獲得しました。渡部は、二〇一八年の平昌大会でも、同じ種目で二大会連続となる銀メダルを取っています。平昌大会のパラリンピックでは、村岡桃佳が、アルペンスキー女子大回転（座位）で金メダルを含む出場全種目五種目でメダルを獲得しています。

雪の早明戦

一九一七年に創設された早稲田ラグビー蹴球部は、一九二七年のオーストラリア遠征を契機に「ゆさぶり戦法」を編み出し、幾多の名選手を輩出しました。一九三六・三七年には対抗戦を連覇し、一九四一・四二年前期にも連続優勝をして、第一期黄金時代を築きあげます。

敗戦間もない一九四六年から、対抗戦は再開されました。早稲田と明治が二強であることは戦前から引き継がれましたが、一九五〇年から五四年までの五シーズン、早稲田ラグビーの理論を築きあげる大西鉄之祐（おおにしてつのすけ）が監督となります。大西のもと早稲田は一九五〇年、五二年、五三年に東西学生ラグビーフットボール対抗王座決定戦に勝利し、全国制覇を達成します。このころから、優勝した時に「荒ぶる」を歌唱する伝統も始まりました。

一九六二年、早稲田が関東大学対抗戦Bブロック（二部に相当）に転落すると、大西は再び監督に就任します。主将には、後に監督として、早稲田にラグビー日本一をもたらす木本（きもと）建治（けんじ）が就きました。「大西・木本」体制で挑んだ夏合宿では「カンペイ」のサインプレーを開発し、一シーズンでAブロック（一部に相当）復帰を決め、同年度Aブロック覇者の明治に勝利をするという「番狂わせ」を演じます。大西は、以後三シーズン監督を務め、一九六四年度に行われた第一回全国大学ラグビーフットボール選手権大会で準優勝した試合を最後に退任します。大西は、六六年から七一年まで日本代表監督を務め、海外列強の理論を導入し、六八年にはオールブラックスジュニア戦で勝利を収めています。

一九八六年、木本は二度目となる監督に就任すると、バックスの強化に尽力しました。翌八七年は、ＳＨ堀越正巳やＷＴＢ今泉清という、のちに日本代表となる二人の一年生をレギュラーに抜擢します。十二月六日、国立競技場で行われた、関東大学ラグビー対抗戦グループ最終戦の早稲田大学対明治大学の一戦は、「雪の早明戦」と言われます。当日未明からの悪天候、さらには試合終了間際の両軍の激しい攻防などが絡み、名勝負の多い早明戦の中でも「伝説の試合」と語り継がれる試合となりました。「雪の早明戦」は、早稲田が明治を下し、五年ぶりに対抗戦で優勝しました。さらに、全国大学ラグビーフットボール選手権大会（大学選手権）を制覇すると、日本ラグビーフットボール選手権大会（日本選手権）でも、東芝府中を破り、十六年ぶり四度目の大会優勝を果たしたのでした。

第七章　早稲田大学の歩み

擬国会の様子 =1918年（早稲田大学大学史資料センター所蔵）

1　戦前に起源を持つ諸学術院

政治・経済学学術院と高田早苗

本章では、早稲田大学の各学術院の起源と戦後の歴代総長の事績、そしてこれからの早稲田大学が目指すことを述べていきます。学術院などの最新の情報については、大学のウェブページを見てください。各学術院を扱う順序は、建制順（各学術院の起源が建てられた順番）によります。

早稲田の看板である政治経済学術院は、高田早苗が基礎を作りました。

高田は、東京専門学校の創設時から講師として教鞭を執るとともに学校運営の中核を担い、一九〇七年に早稲田大学が総長・学長制を敷くと初代学長に就任します。一九一五年に文部大臣就任のために学長を辞し、その後「早稲田騒動」により一旦は早稲田を離れますが、一九二〇年に早稲田大学が大学令に基づく正式な大学に昇格し、一九二二年に大隈重信が没すると、高田は総長として大学運営に復帰し、昭和初期まで早稲田の発展に身を挺します。

高田は、東京大学で英米流の政治学をはじめとする最新の学問を学び、そののち、貨幣論・租税論などの経済学関係の書物も刊行し、英米系の最新の学問を紹介しました。高田の中で、政治と経済は、分かちがたく結びついていたのです。

高田の学問の特徴は、その先駆性にあり、当時の日本人が着目していない新しい学問を日本に紹介し続けました。たとえば、米の政治学者ウィルソンの"The State"を翻訳し『政治汎論』として紹介しましたが、ウィルソンはまだ三十代の駆け出しの研究者で、日本でその名を知る者は、ほとんどあ

高田早苗。早稲田大学の学問の基礎を築いた（早稲田大学大学史資料センター所蔵）

りませんでした。ウィルソンはその後、政治学で頭角を現し、のちにアメリカ合衆国大統領として、国際連盟の設置を提唱し、世界にその名を知られることになります。

高田の学問の特徴は、その実践性にもあります。政治を学問的に探求するだけでなく、自らも政治の世界に飛び込んでいきました。一八九〇年の第一回衆議院議員総選挙では埼玉県第二区（川越近辺）から立候補して当選、以後六回の選挙に当選し、一四回の議会を衆議院議員として活動しました。高田は、立憲改進党、進歩党、憲政党、憲政本党へと、一貫して大隈系の政党に所属し、その美しい容貌と大隈のブレーンとしての位置から「改進党の張子房」と呼ばれました。張子房とは、前漢の建国者である劉邦を助けた張良のことです。一九〇四年以降は、早稲田大学の経営に専念するために政界を引退しますが、一九一四年に第二次大隈重信内閣が成立し、翌年に内閣改造が行なわれると、文部大臣に就任して再び政界で活躍します。

国会議員であった高田は、同じく議員で経済学者の天野為之と共に政治科の国会演習に力を注ぎました。一八九七年二月の国会演習では、天野が「現行貨幣制度改正建議案」と題する議案を提出して、白熱した議論を交わしました。演習には、政治科の学生のほか、校友・

講師が参加しました。さらに、来賓として衆議院議員の河島醇（同年六月、日本勧業銀行の総裁に就任）、大蔵省主計官阪谷芳郎（同年四月、主計局長に就任）を招き、さらに傍聴者として貴族院や衆議院の議員八〇余名も参加しています。こうした演習が、政治経済学術院の伝統を築きあげていったのです。

高田は、ジャーナリストとしても活動しています。一八八六年に読売新聞の社説執筆者として招聘され、「松屋主人」の筆名で論説を寄せます。翌年には主筆に就任しました。高田は、紙面改革を断行し、著名な文学者たちに門戸を開いたので、読売は「文学新聞」としてその名を知られるようになりました。その一方で、政治関連の記事も充実させます。高田のジャーナリストとしてのモットーは、「社会に先立つ一歩なるべし、二歩なるべからず」というもので、「国会問答」「通俗大日本帝国憲法註釈」など、新たにつくられた政治制度をわかりやすく解説する連載記事を掲載して、民衆の政治的成長を促しました。こうした紙面改革の効果もあって、読売新聞の売上は、飛躍的に伸びたと言われています。

高田は、文芸批評も行いました。親友の坪内逍遙が記した『当世書生気質』の批評や、当時のベストセラーであった『佳人之奇遇』の批評を『中央学術雑誌』に発表するなど、近代的文芸批評の手法を先駆的に実演し、当時の人々から「批評の元祖」と呼ばれました。また、演劇の世界においても、その近代化を目指して演劇改良運動に従事しています。坪内逍遙による東京専門学校文学科の創設に際しては、それを全面的に支援し、多数の文学者を講師に招いています。

高田早苗の銅像は、早稲田キャンパスの大隈像の向かって右側に建てられています。制作者は藤井浩佑（ふじいこうゆう）です。大隈に仕えているかのようで、どこか物思わしげな風姿を持つ高田の像は、藤井の作風の特徴が出ていると言われています。

なお、政治経済学術院は、政治経済学部のほか、大学院政治学研究科、大学院経済学研究科、現代政治経済研究所から構成されます。

法学学術院と大隈の支援

政治と経済を一体として教えるという他に類例をみない政治経済学術院に対して、他大学との競争に常に晒（さら）される法学学術院は、創設時より苦難が続きます。それを支えたのは、他ならぬ大隈重信でした。

東京専門学校は、開校と同時に、政治経済学科・法律学科・理学科の正規三科および各科の生徒が選択受講する英学科が設けられました。理学科は、前年まで政府で殖産興業に尽力した大隈の肝入りでしたが、生徒数が伸び悩み、程なく募集を停止します。したがって、法律学科は政治経済学科と共に、東京専門学校の双璧でした。しかし、「大隈の政治学校」とも呼ばれた東京専門学校は、政府から脅威と捉えられ、様々な圧迫を受けます。

その煽りを直接受けたの法律学科でした。政府は、官学（具体的には東京大学）の教師や判事・検事の私学への出講を禁じたので、法律学校は教員確保にすら難渋しました。そうしたなか、学内からは、都心（具体的には神田）への移転計画や、法律学科の廃止案すら出されました。

「学校移転案」の中心となった岡山兼吉は、設立準備中の英吉利法律学校（のちの中央大学）と合併し、私立の一大英法系の法律学校を創ろうと考えました。「学校移転案」は、東京専門学校を都の西北から中央に移して向学者の便を図り、これにより生徒数を増やし、財政的破綻を未然に防止しようとするものでした。しかし、岡山が英吉利法律学校と深く関わっていたため、大隈の名声により新設の英吉利法律学校を箔づけようとしたものと見られました。一八八五年の評議員会で、「学校移転案」は否決され、岡山は山田喜之助と共に早稲田を離れ、英吉利法律学校に転じます。

岡山の「学校移転案」が討議された臨時評議員会では、「天下の記者」と呼ばれたジャーナリストの山田一郎より法律学科の廃止を求める重大な提案もなされています。開校以来、法律学科は不振で、大隈は頭を痛めていました。一八八三年九月から八四年八月までの『舎務日誌』を見ると、法律学科の退学者が多く、これを補うために毎日と言ってよいほど新入生を迎えています。また、創立期の功労者である砂川雄峻は去り、法学系教師の無断欠勤が頻繁に記録され、一八八五年には、ほとんど学科休業の状態が続いていました。そのため、高田早苗や天野為之は言うまでもなく、小野梓までが、「一時法学部を中止し、専ら力を政治・英学之二目に用」(原文ママ) いるよう大隈に進言しています。早稲田から神田に移転する案は、こうした法律学科の不振を背景に提出されたのでした。

この難局に際して、大隈は、むしろ当時簇出した私立法律学校に対抗して、法律学科の充実を図るべきである、と決断しました。大隈は、「競争者出るあるを畏るる時は際限なかるべし。之を意とするに及はず」と述べて、法律学科を支え続けたのです。

こうして法律学科は、存亡の危機を脱し、政経と並ぶ早稲田の柱へと発展していきます。政治科の国会演習と並んで、法律科の「擬律擬判」も注目されていきました。「擬律擬判」は、刑事と民事の両問が出題され、それぞれについて賛否両論を戦わせ、最後には起立で決を採る、というやり方でした。学生たちが、「早稲田地方裁判所」の裁判長以下、判事、検事、書記、原告訴訟代理人、被告訴訟代理人となり、法服・法冠は裁判所から実物を借りてくる、という本格的なものでした。現在も、早稲田大学の八号館にある法廷教室で、伝統の模擬裁判は開かれ続けています。

なお、法学学術院は、法学部のほか、大学院法学研究科、大学院法務研究科（法科大学院）、比較法研究所、法務教育研究センターから構成されます。

文学学術院と坪内逍遙

日本の近代文学の祖である坪内逍遙に起源を持つ文学学術院は、英国のＱＳ社による世界ランキングでは人文学が早稲田大学で最も高い、日本を代表する文学の研究機関です。

一八九〇年、東京専門学校に設置された文学科の花形講師として活躍したのは、文学科の創設者である坪内逍遥でした。坪内は、『小説神髄』や『当世書生気質』などの作品を残し、「日本近代文学の父」と称されますが、その一方で、東京専門学校の英文学教授という顔を持っています。英文学の中でも、坪内は、シェークスピアなどの劇文学研究に、その大いなる足跡を残しました。すなわち、一九〇九年から一九年の歳月をかけて完成された、日本最初の『シェークスピヤ全集』全四十巻の翻訳事業です。その完成を記念して、一九二八年に設立されたのが、坪内博士記念演劇博物館です。通称は略してエ

演劇博物館の開館式で謝辞を述べる坪内逍遥＝1928年（早稲田大学大学史資料センター所蔵）

ンパクと言い、大学構内の整理上の号数は、五号館です。

演劇博物館は、一六世紀のイギリスの劇場「フォーチュン座」を模して設計されており、建物自体がひとつの劇場をイメージして造られました。建物の脇には、一九六二年、演劇博物館創立七十周年を記念して建てられた坪内逍遙の銅像が立っており、台座には逍遙を偲んだ美術史家で書家の會津八一の和歌が刻まれています。大学でシェークスピアを講義している姿なのですが、手を差し伸べているので、その手に握手をすると早稲田大学に合格するという都市伝説があり、手の部分だけ色が変わっています。また、演劇博物館に隣接する六号館にある演博の図書室には、一〇〇万点を超える演劇・映画に関する文献が収蔵され、世界の演劇研究者が、生涯に一度は訪れる場所とされています。授業にはあまり出席しなかったという村上春樹も、演劇博物館にはよく通い、強い思い入れを持っています。二〇二一年に開館した国際文学館（通称「村上春樹ライブラリー」）は、演劇博物館がよく見える四号館に、新国立競技場と同じく隈研吾の設計で造られています。その建設費は、ファーストリテイリング社会長の柳井正の寄付により賄われています。

そして一号館には、早稲田大学の歴史を展示した歴史館があります。本書により早稲田の歴史に少しでも興味を覚えたら、ぜひ歴史館を訪れて、現物の資料を直に見て、早稲田の歴史を体験してください。

話を文学科の開設当時に戻しましょう。文学科は、一八九一年に、哲学者の大西祝を迎えます。大西の哲学講義は、坪内同様、当時の学生から支持を受けました。大西は哲学・倫理学・心理学・美学などの講義を一手に引き受け、坪内と共に文学科の礎を築きました。大西の語り口は、理路整然としながらも熱を帯び、多くの学生を魅了したと言います。

坪内や大西の薫陶を受けた学生には、哲学者の金子馬治（筑水）、新劇の先駆けとなる島村抱月、日本人初のイェール大学教授朝河貫一、コロンビア大学に日本文化研究所を設立しドナルド＝キーンを育てた角田柳作など、錚々たる人物が並びます。さらに、坪内・大西の二枚看板のほかにも、東京帝国大学在学中の夏目金之助（漱石）が英語を教え、高山林次郎（樗牛）が美学を講じるなど、個性豊かな講師陣を揃えていました。

文学科は、創立の翌年に文学部となります。そして、一八九八年には史学科を増設し、文学科・史学科の二分科となりました。津田左右吉は、坪内と同郷で、『大日本地名辞書』や能の研究で知られる吉田東伍の後任として、史学科の教員となっています。そして、一九二九年からは、哲学科の東洋哲学専攻科で講義をしています。

文・史・哲を三本の柱とする文学学術院は、伝統的な学問分野を中心とする文学部と先端的な学問分野を中心とする文化構想学部の二学部により、文学科の伝統を継承しています。

なお、文学学術院は、文化構想学部・文学部のほか、大学院文学研究科、総合人文科学研究センターから構成されます。

教育・総合科学学術院と高等師範部

教育・総合科学学術院は、官立の高等師範学校や帝国大学に押されがちであった教育界で、高等師範部を起源とする私立最初の教育学部として、その存在感を示し続けています。

早稲田大学高等師範部は、一九〇三年に専門学校令に基づく高等教育機関として開設されました。国語漢文科、歴史地理科、法制経済科、英語科の四学科により編成され、修業年限は三年、高等予科は半年でした。高田早苗は、一九〇七年の得業証書授与式における学長挨拶で、次のように述べています。

御承知の通り教育界殊に中等教育界と云ふものには、一方御茶の水――今は場所は変つて居るけれども矢張り茗渓派といつて居るが――を中心とした高等師範の団体が勢力を占めて居る、一方は又本郷の東京帝大其の他の帝大出身の人々が相拮抗して蟠居して居る、斯う云ふやうな有様で長い間あつた。早稲田も私立大学として一方に立つ以上は、或は政治界或は実業界に於てのみならず、教育界に於ても陣を張らなければならぬ。教育界に於て他の二つと並んで拮抗する丈けの力を養ひ、さうして早稲田は早稲田の教育上の趣旨を持つて居るのであるから、其趣旨の普及を計ると云ふことにしなければならぬ。それが此学園の力を増す所以であるのみならず、国家に貢献する所以でなければならない。斯う云ふ考へで高等師範部を造らうと云ふ気に私がなりまし〔た。〕……

（『早稲田学園』昭和五年、一九三〇年）

当時の中等教育界は、「茗渓」会、すなわち東京高等師範学校（現・筑波大学）および帝国大学の出身者によって独占されていました。これに対抗するため、高田早苗らにより“To make man”を趣旨として高等師範部が設立され、全国の旧制中学校や師範学校などから学生を集めたのです。高等師範部は、文部省師範学校中学校高等女学校教員検定試験（略して文検）の無試験検定校であったため、卒業生は中等教員免許を付与され、主として師範学校や旧制中学校、高等女学校、実業学校などの旧制中等教育学校で、教鞭を執ることができました。

一九四九年、早稲田大学の新制大学への移行に伴い、高等師範部を前身として、私学では最初の教育学部が設置されます。しかも、当初から必ずしも教員の資格取得を義務づけない、いわゆる開放制の教育課程を実施していることは、教員養成のみを目的とする国公立の教育学部とは大きく異なります。個性を重んじ学問の自由を保証していることが、早稲田大学の教育学部の大きな特色です。

教育学部は、文系、理系にわたり、七学科二専攻七専修から成ります。教育学科、文系・理系それぞれの専門分野の研究や教科教育に対応する国語国文学科・英語英文学科・社会科・理学科・数学科、既存の枠組にとらわれず新しい知の創造を目指す複合文化学科であり、さらに教育学科は、教育学専攻の教育学・生涯教育学・教育心理学の三専修と初等教育学専攻に、社会科は、地理歴史・公共市民学の二専修に分かれています。理学科は生物学・地球科学の二専修を設けています。このように文系・理系にわたる学科専修を多数設置していることも、早稲田大学の教育学部の特徴で、一大総合学部として、多様性に満ちた教育環境を形成しているのです。

なお、教育・総合科学学術院は、教育学部のほか、大学院教育学研究科、教育学研究科高度教職実践専攻（教職大学院）、教育総合研究所、教職支援センターから構成されます。

商学学術院と天野為之

商学学術院は、傑出した経済学者であり、第二代学長でもある天野為之（あまのためゆき）が基礎を作り、第三代学長の平沼淑郎（ひらぬまよしろう）が、地盤を固めました。

日清（にっしん）戦争（一八九四～九五年）以降の商業の発展を受けて、一九〇一年に大隈英麿（おおくまひでまろ）が初代校

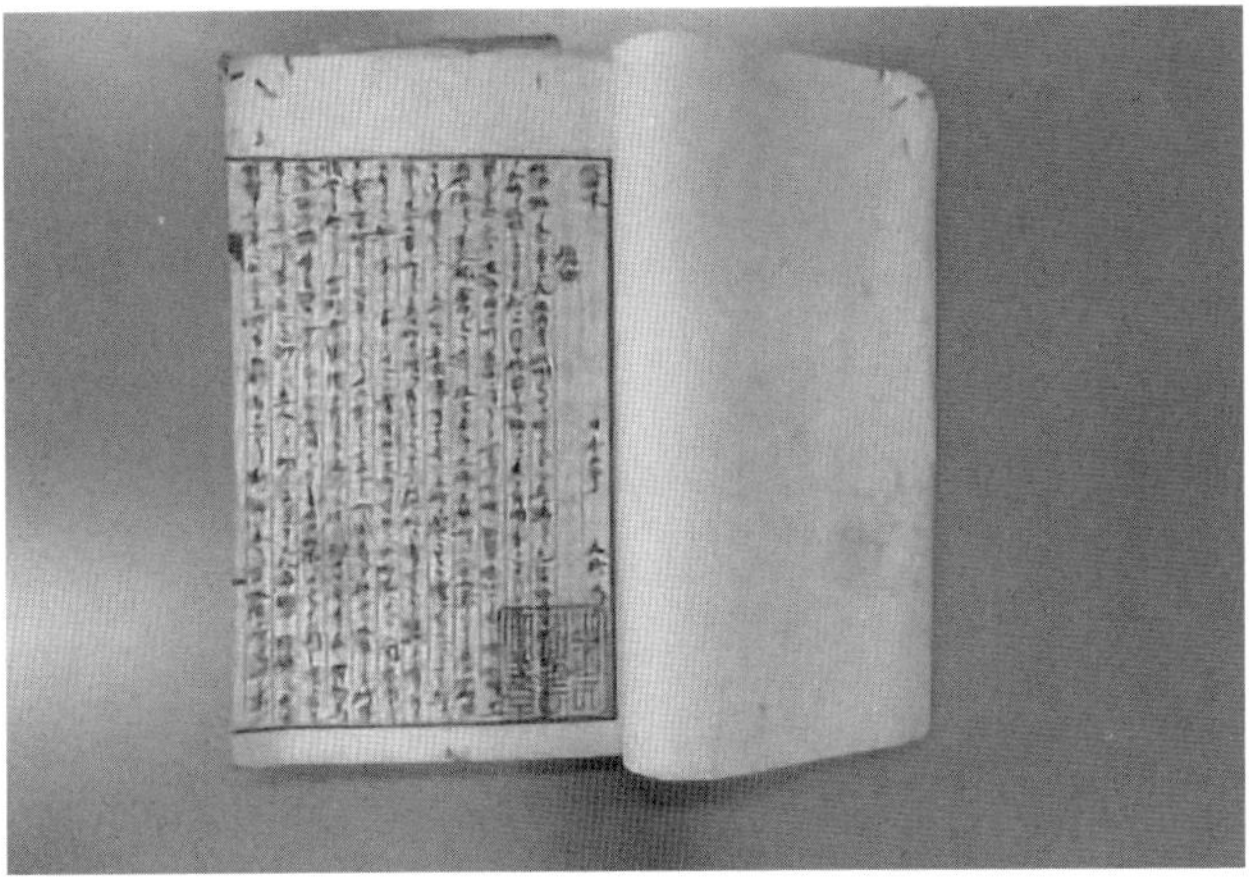

山田英太郎筆記ノート天野為之「経済原論」全（早稲田大学大学史資料センター所蔵）

長となり、早稲田実業中学（のちの早稲田実業学校）は、創立されました。大隈英麿を助けて早稲田実業の基礎を築いた天野為之（第二代早稲田実業中学校長）は、「高等小学校卒業後四、五年間に、他の専門学校でやる位の教育を果す決意なので、本校の特徴は、日本の教育の制度の上に非常な変化を起すであろう。而してそれが日本国に大いに利益を与えることであろうとひそかに考えている」と述べています。

一九〇四年になって、早稲田大学は、ようやく商科を本科として開設しますが、初代商科長となったのも、天野為之でした。商科新設の目的は、「学識ある者は実業の修養に乏しく、実業の修養ある者は多く学識を欠く、すなわち本科の目的は、この二者の調和を計り高等の学識ある実業家を養い、実業の修養ある学者を出すにあ」ると掲げられ、ベルギーのアントワープ商業大学を模範として発足しました。

遠くベルギーに範を求めたのは、当時唯一の商業高等教育機関であった東京高等商業学校（現・一橋大学）が、アントワープ商業大学に教科内容やその教授陣を倣っており、同校からの協力を仰いだためでした。ただし、東京高等商業学校には見られない広範な科目が設置されたことは、早稲田大学商科における教育の独自性を示します。

初代商科長の天野為之は、ジョン＝スチュアート＝ミルに代表される古典派経済学の紹介や、経済理論の普及に尽力しました。東京高等商業学校教授の福田徳三は、天野を福澤諭吉、田口卯吉と共に「明治前期の三大経済学者」に挙げていますが、石橋湛山は、「自己の経済学体系をもつ学者を云うなれば、天野為之一人に止めをささなければならない」と述べて、天野を高く評価しています。

一八八六年、天野が著した『経済原論』は、日本人による書き下ろしの経済書として、三万部を売り上げ、広く読まれました。同書は、東京専門学校での講義用の資料がもとになっており、邦語による速成教育を掲げた東京専門学校の活動が、出版という形で社会に還元された一例といえます。

一九一五年、天野は早稲田大学の学長に就任しますが、二年後の「早稲田騒動」の結果、絶縁に近い形で大学を辞し、かつて校長を務めた早稲田実業学校に戻り、残りの人生を同校の運営に傾けました。それにあわせて、早稲田実業も大学とは別の路線を歩んでいきます。一九六一年、早稲田大学が天野の生誕百周年を記念して、講演会や展示会により天野の顕彰をすることで、一九六三年、早稲田実業は系属校として早大の傘下に編入されます。現在、天野は、早稲田大学の四尊の一人に数えられています。同じ系属校の早稲田佐賀中学校・高等学校は、唐津城内に校舎を持ちますが、そこは天野が少年期に学んだ唐津藩の藩校である英学校があった場所です。

一九二〇年、大学令により、大学部商科が商学部となると、初代学部長には、のちに総長となる田中穂積が就きました。そして、商学部の拡充に努めたのは、「早稲田騒動」で割れた大学内を修復した平沼淑郎でした。一一号館のエントランスホールには、第二代商学部長として尽力した功績を称えて、大隈銅像と同じく朝倉文夫が制作した平沼淑郎の胸像が、設置されています。

なお、商学学術院は、商学部のほか、大学院商学研究科、大学院会計研究科（会計大学院）、大学院経営管理研究科（早稲田大学ビジネススクール）、産業経営研究所・ビジネス・ファイナンス研究センターから構成されます。

理工学術院と渋沢栄一

理工学術院は、文系に比べて桁違いの費用が掛かるため、その起源となる理工科の資金集めには、渋沢栄一らが尽力をしました。
創立二十五周年に当たる一九〇七年、校長を廃して総長と学長を置くことになり、初代総長に大隈重信、学長に高田早苗が推戴されました。大隈が理学科の廃止後も、理工科の再興を願っていたことは、次のような大隈の演説に見ることができます。

私も一の理想を持つて居る。来年は二十五年になる。諸君と共に将来の早稲田の希望はどうするかと言つたら、早稲田大学をして帝国大学と競争して今一層大きな世界の大学と競争したい。併し是には又段階がある。之は第二期の計画である。第一期の計画は大学にするにある。併ながら学校が足らぬ。大学はまだサイエンスを持たぬ。之を準備しなければ戦闘力が十分でない。戦う為には兵器も弾薬も戦闘艦も水雷艇も用意しなければならぬ。大分名将は居るけれども器械は足らぬ。どうしてもサイエンスを置かなければならぬ。総ての大学と同様な学科を設けることを望むのである。

『早稲田学報』一三七号、一九〇六年

創立二十五周年の式典では、第二期計画が発表され、基金募集の原案が作られて、その趣旨書が一九〇八年に公表されます。これによると、理工科は、専ら応用的な機械・鉱業・電気・土木・建築・製造化学などとし、さらに医学科（いがくか）を設立することも述べられていました。

理工科の再興は、一九〇四〜〇五年の日露戦争以後、資本主義の拡大につれて工業界の進展も目覚ましく、人材の要求が高まってきたことを要因とします。この第二期計画に対する募金は、理工科新設のための三〇万円、医科および病院新設のための二五万円を含めて、一五〇万円と決定しました。しかし、折からの財政の逼迫（ひっぱく）もあり、計画の一部を変更し、医科は後日に期し、専ら理工科へ集中することになりました。

一九〇八年、基金の募集に対して、伊藤博文の尽力で、皇室から金三万円の下賜（かし）があり、一方、小松鉄工所（現・小松製作所）の創始者である竹内明太郎（たけうちめいたろう）からは、人材の提供およびその他の援助を得ることができました。そして、渋沢栄一は、自ら多額の寄附を寄せて校賓（こうひん）の称号を得るとともに、基金管理委員長も引き受けたのです。以来、一九二七年に基金管理規定が廃止されるまで、渋沢は、早稲田大学の「帳簿番」として、基金の使途を監督するだけではなく、基金募集の際には、熱心に各方面に対して寄付の勧誘を試みました。それは、「先づ自身の出金額を定めて、他の実業家に対して自身勧誘さるるから、何人も拒むことができなかった」と言います。第二期計画を中心として定めた市島謙吉は、「早稲田大学の盛大今日に至ったのは、翁の力に依ること決して少なくない」と謝意を表しています。

一九〇九年、早稲田大学は、大学部理工科を創設し、機械学科、電気学科の本科授業を開設し、翌一〇年には、採鉱学科、建築学科を創設しました。そして、二〇〇七年には、基幹理工、創造理工、先進理工の三学部・三研究科体制を確立して、現在の理工学術院の形が成立したのです。

なお、理工学術院は、基幹理工学部・創造理工学部・先進理工学部のほか、大学院基幹理工学研究科・大学院創造理工学研究科・大学院先進理工学研究科、大学院情報生産システム研究科、大学院環境・エネルギー研究科、理工学術院総合研究所、各務記念材料技術研究所、国際情報通信研究センター、環境総合研究センター、情報生産システムセンターから構成されます。

2　戦後に創られた諸学術院

社会科学総合学術院

一九六六年、早稲田大学は、社会科学系分野を統合した国際的・学際的な教育・研究を担うという理念のもと、社会科学部（しゃかいかがくぶ）を設置しました。早稲田大学は、すでに政治経済学部、法学部、商学部といった学部で、社会科学系のそれぞれの専門分野に関する教育が行われていました。社会科学部は、そうした社会科学系専門分野を統合的、学際的に一体化したカリキュラムを構築し、学生に社会科学に関する総合的な知識能力を修得させ、各界に貢献できる有能な人材を育成することを目的として創設されました。

それは、現代社会があらゆる面で世界と結び付き、様々な利害が複雑に絡み合い、解決しなければならない多くの問題を生み出しているからです。社会科学部は、こうした地球規模の諸問題を解決してゆくため、学際的な（複数の学問領域が相互補完的に関係しあう）アプローチの習得を目指しています。

社会科学部は、第二政治経済学部・第二法学部・第二商学部を統合したので、当初は夜間学部でした。ただし、夜間学部でありながら、創設以来、本属の専任教員を擁する独立した学部として運営されており、日本の大学史上、他に類例を見ない画期的な学部として注目を集めてきました。

設立当初は、二五名の専任教員から始まりましたが、現在では七〇余人に及ぶ専任教員を擁し、社会科学を学際的に学ぶ環境を着実に整備しました。そうした学部の独自性が評価されて、社会科学部は順調に発展を遂げ、一九九四年には大学院社会科学研究科修士課程、一九九六年には社会科学研究科博士後期課程が設置されます。そして、一九九九年には情報化に対応した一四号館に移転するとともに、昼夜開講学部へと移行しました。さらに二〇〇九年には、昼間学部に移行し、社会科学系総合学部として、大学内外において確固たる地位を築きあげています。

なお、社会科学総合学術院は、社会科学部のほか、大学院社会科学研究科、先端社会科学研究所から構成されます。

人間科学学術院

一九八七年、早稲田大学は、自然科学、人文科学、社会科学にわたる学際的、領域横断的なアプローチで、今日の世界が抱える課題を解決できる人間を育成するという理念のもと、「文理融合型」の学部として、人間科学（にんげんかがく）部を設置しました。

人間科学部創設の直接の契機は、早稲田大学創立百周年記念事業において、総合学術情報センター、新キャンパスと並んで新学部の設立が掲げられたことにあります。多くの新学部の構想が提案されるなか、それらは人間科学系の学部と、体育・スポーツ系の学部の二案に絞り込まれていきます。これが、一九八二年の百周年総合計画審議会において、スポーツ科学系部門を含む総合人間科学系学部として一本化され、一九八四年に新学部設立準備委員会が設置されたのです。この間の検討過程で、新学部が扱う分野に、医工学系や生物学系が加わり、文理の領域を幅広く包含する「人間科学」という枠組みができあがっていきました。また、一九八一年には、新学部の所在地はすでに埼玉県所沢市三ケ島地区に決定していました。

こうして一九八五年、評議員会は、人間基礎科学科・人間健康科学科・スポーツ科学科の三学科よりなる新学部「人間総合科学部」の設立計画を議決しました。しかし、文部省の審査は簡単ではありません。多くの大学で特色ある多様な学部が設立されるようになるのは、大学設置基準が大綱化された一九九〇年代以降のことです。新学部は、その先進性ゆえの産みの苦しみに直面します。それでも、一九八六年、「総合」の二文字を除いた「人間科学部」の名称で設置は認可され、当時としてはたいへんに珍しい「文理融合」型の人間科学部が、六六〇名の新入生を迎えて発足したのです。

人間科学部が創設された一九八七年から二〇〇二年まで、早稲田大学人間科学部には、人間基礎科学科、人間健康科学科、スポーツ科学科の三つの学科が存在しました。二〇〇三年以降は、人間環境科学科、健康福祉科学科、人間情報科学科の三学科による構成となり、スポーツ科学科は、早稲田大学スポーツ科学部として独立しました。また同年には、人間科学部に通信教育課程（早稲田大学人間科学部eスクール）が設置されています。

人間環境科学科は、環境生態学や地球環境科学などの生物・環境系、社会学と人類学などの社会系、考古学や文化などの文化系、建築学、環境心理学などの心理・行動系の四つの学系から構成されます。

健康福祉科学科は、神経科学や生理学などの健康・生命系、保健と福祉に関する幅広い学びの保健福祉系、臨床と科学技術を融合させた医工人間学系、心理行動面からの臨床心理系の四つの学系から構成されます。

人間情報科学科は、コンピューターサイエンス理論の人間科学への応用などの情報科学系、認知科学や情報工学などの認知科学系、人間工学や生活支援工学などの人間工学系、教育工学や情報工学、教育心理学などの教育工学系、応用言語学や心理行動学、メディアコミュニケーション研究などのコミュニケーション学系の五つの学系から構成されます。

人間科学部は、文理融合のバランスのとれた学びの追究と、自らが具体的に問題を見い出し解決を図り得る問題解決能力に優れた人材の育成を目指しています。多彩な学問領域に触れることにより、幅広い知識を持ちながら、専門性を深く極めていくことが可能な学部です。

なお、人間科学学術院は、人間科学部のほか、人間科学部eスクール、大学院人間科学研究科、人間総合研究センターから構成されます。

スポーツ科学学術院

二〇〇三年、早稲田大学は、人間科学部スポーツ科学科が独立する形で、スポーツ科学に関わる教育・研究を主に自然科学的な分野から行うスポーツ医科学科と、人文社会科学的な分野から行うスポーツ文化学科からなる、スポーツ科学部を設置しました。二〇一〇年からは、二学科制を廃止し、スポーツ科学科の一学科に変更しました。これにより、一年次には全員が幅広く様々な切り口からスポーツ科学を学び、それを基礎として、各自が二年次から専門としたい六つのコース（スポーツ医科学、健康スポーツ、トレーナー、スポーツコーチング、スポーツビジネス、スポーツ文化）を選ぶことになりました。

スポーツ科学部で学ぶ科目や学問領域の名称には、スポーツ生理学やスポーツ心理学のように、「スポーツ」の一語を冠したものが少なくありません。これは、スポーツをテーマに、多彩なジャンルの科学を援用した教育研究が実施されることを意味しています。すなわち、スポーツというテーマを通して、医科学、生理学といった自然科学系の学問から社会学や心理学、教育学などの人文・社会科学系の方法論まで、幅広い学問領域で総合的・学際的に学べるのが、スポーツ科学部の特徴です。

社会のボーダレス化に先んじる形で、スポーツ界のグローバル化は、進展してきました。今日では、海外のプロスポーツリーグを楽しむ人も少なくありません。スポーツを通した国際交流は、今後ますます重要性を増していくでしょう。そのため、スポーツ科学部は、スポーツを通したコミュニケーション、とくに外国語能力の研鑽に力を入れています。少人数制の英会話指導、米国オレゴン州での実践的教育プログラムなど、独自のカリキュラムでコミュニケーション能力の向上を目指しています。

また、より実践的で効果的な学習を行うため、スポーツ科学部内にスポーツ医科学クリニックが設置されています。スポーツ医科学クリニックは、コンディショニング・メディカル・リコンディショニング・ニュートリション・メンタルの五つのクリニックから構成され、教育研究の融合・発展を目指しています。

二一世紀の国際社会におけるコモンセンスとも言えるスポーツをテーマとした学習・研究を通して、科学的な姿勢やコミュニケーション能力、専門的知識や技能を養い、新たな時代に対応できる人材として、社会で活躍してほしいという思いが、スポーツ科学部における教育には貫かれているのです。

なお、スポーツ科学学術院は、スポーツ科学部のほか、大学院スポーツ科学研究科、スポーツ科学研究センターから構成されます。

国際学術院

二〇〇四年、早稲田大学は、初めての英語による学位プログラムの学部として、国際教養学部（ＳＩＬＳ）を設置しました。国際教養学部の特長は、専門分野学習を目的とした他学部とは一線を画し、少人数指導の下で基礎的な教養を磨くとともに、多元的な視点、論理的思考を養うことに重点をおいたリベラルアーツ教育と早稲田大学が培った伝統やネットワークを融合させた独自のカリキュラムにあります。

加えて、キャンパスを多種多様な文化・背景・言語を持つ世界の若者たちの交流の場と捉え、海外からの学生を積極的に受け入れ、学部での共通言語を英語とし、日本語を母語とする学生には一年間の海外留学を必修とするなど、日常の学生生活から高い国際感覚を身に付けられる環境を整えています。国際教養学部は、幅広い教養教育と世界中の学生との交流を通して、世界規模の問題に意欲的に取り組む高い志と倫理観、国際競争力、そして人間的魅力を備えた地球市民を育てていきます。

学部の共通言語は英語です。ほとんどの講義は英語で行われ、英語力の強化を目指します。また、日本語以外が母語の学生には、日本語を習得するためのプログラムが用意されています。加えて、フランス語、ドイツ語、スペイン語、中国語、ロシア語、朝鮮語の六言語を開講しており、他学部の提供科目を含めると、この六言語を含む二七言語が履修できます。

国際教養学部は、入学者の約三割を外国人留学生が占めます。アジアをはじめ、欧米やアフリカなど約五〇の国と地域から迎え入れています。さらに、世界のトップクラスの協定校から毎年約三〇〇名を超える交換留学生を受け入れています。キャンパスにはこれらの学生に加え、国際的なキャリアを持つ教員も集まり、英語での活発な交流が行われています。

なお、国際学術院は、国際教養学部のほか、大学院アジア太平洋研究科、アジア太平洋研究センター、大学院日本語教育研究科、大学院国際コミュニケーション研究科から構成されます。

このほか、附属校として早稲田高等学院、高等学院中学部、早稲田本庄（ほんじょう）高等学院があり、系属校として早稲田実業学校、早稲田中学校・高等学校、早稲田渋谷シンガポール校、早稲田摂陵中学校・高等学校、早稲田佐賀中学校・高等学校があり、専門学校として芸術学校があります。

3　戦後の総長

第六代総長　島田　孝一（一九四六～一九五四年）

早稲田大学は、空襲により約三分の一の校舎を焼失しましたが、敗戦の一カ月後には講義を再開しました。一九四六年六月の総長選挙では、津田左右吉が選出されましたが、津田は総長就任を固辞します。再選挙の結果、商科出身で交通経済学者の島田孝一が当選し、同年九月より第六代早稲田大学総長に就任しました。

占領下の学制改革による旧制大学から新制大学への移行に伴って、大学が混乱するなかで、島田は、早稲田大学の伝統と大隈重信の建学の精神を継承することを運営の方針としました。新制早稲田大学の開設記念式で島田は、「新たに発足した新制大学の使命を正しく認識すると共に、……創立以来七十年に垂(なんな)んとする我が早稲田大学の学問の伝統を新時代に順応せしめ、更(さら)に大隈老侯の建学の精神を顕揚(けんよう)し得(う)るやうに全力を尽くしたい」と述べています。こうした方針が最も明確に打ち出されたのは、早稲田大学教旨の改訂です。全面的な改訂案も出るなか、島田は、日本国憲法にそぐわない、「立憲帝国の忠良なる臣民として」という語句を削除するにとどめています。

教育基本法や学校教育法が公布され、従来の大学、高等学校、専門学校、師範学校などはすべて統合再編され、四年制の新制大学になりました。早稲田大学も一九四九年、一一の学部（第一政治経済学部、第一法学部、第一文学部、教育学部、第一商学部、第一理工学部、第二政治経済学部、第二法学部、第二文学部、第二商学部、第二理工学部）を設置することを認可されました。「第二学部」は、夜間学部です。終戦後の経済的・社会的混乱のなかで、勤労学生に学問研究の場を持たせるために設置されました。勤労学生を対象とした教育活動は、早稲田大学の伝統でした。ここにも、島田の早稲田の伝統を継承しようとする姿勢が現れています。

第七代総長 大濱 信泉（一九五四～一九六六年）

大濱信泉は、沖縄の出身で、商法を専門とする法学者です。一九四五年に法学部長となり、五四年、島田孝一の後を受けて、総長になりました。大学総長の実務を取り仕切りながら、沖縄復帰運動にも携わり、佐藤栄作首相の沖縄訪問の際には特別顧問となって、「核抜き本土並み」の返還を実現させる環境作りを担いました。石垣島の大濱信泉記念館は、沖縄の復帰への貢献と、会長として一九七五年から七六年にかけての沖縄国際海洋博覧会を成功に導いた功績を称えて建てられたものです。

大濱の課題は、新制早稲田大学の内容を充実させることでした。文部省は「大学設置基準」を省令で制定し、学生定員、必要とされる校地や施設の規模、専任教員数、カリキュラム、必要図書数、図書閲覧室の規模、資産状況とその運営方法を規定します。また、学生定員拡大の要請もありました。大濱は、「大学設置基準」を充足するために施設を拡充するなど、様々な課題に対応しつつ、教員の海外留学と外国人留学生の受け入れを進め、国際交流の基礎を築きます。そして、語学教育の改善を図り、語学教育研究所を設置しました。この日本語部門が独立したものが、現在、留学生への日本語教育を一手に担っている日本語研究教育センターです。

大濱によるキャンパスの整備と研究・教育環境の改善は、財政を圧迫します。大濱のときに、学生会館を造り、高等学院を東京都練馬区上石神井に移転し、生産研究所（現・アジア太平洋研究センター）を設置し、記念会堂を建て、電子計算室（現・メディアネットワークセンター）・語学教育研究室を設置し、戸山キャンパスに文学部の校舎を建設し、国際部を各種学校として設置しています。さらに、東伏見キャンパス、本庄キャンパス、菅平の合宿所・グランドを購入して、校地を拡充しました。折しも、高度経済成長による物価高騰もあり、大濱は文科系三万円・理工系四万円の授業料大幅値上げを発表しました。これに対して、学生の反発は甚だしく、第一次早大闘争が起きます。

学費値上げと学生会館の管理問題から始まった早大闘争は、政治党派に属する活動家学生だけではない広範な一般学生も闘争に参加し、闘争主体が全共闘を名乗り、全学のバリケード封鎖という実力行使をした点で、のちに全国で活発化する学園闘争、全共闘運動の先駆となりました。大濱は、理事全員と共に総長を辞職し、卒業式では涙を流したと言います。

第八代総長 阿部 賢一（一九六六〜一九六八年）

大濱の招いた混乱を収拾したのが、そのときの評議員会長の阿部賢一でした。総長代行に選ばれた阿部は、岳父徳富蘇峰の主宰する国民新聞社の記者からジャーナリストとしての活動を始め、日米開戦を大本営発表よりも早く報じた毎日新聞のスクープで知られます。一九五一年には、早稲田大学の講師となり、常任理事を経て評議員会会長となっていました。

「敬天愛人」を座右の銘とする阿部は、学生たちと対話を重ね、時に思いが通じなくとも、「されど学生愛すべし」と言って、学生との対話を続けました。学校教育法によれば、六カ月以上授業を行わなければ、監督官庁は学校の閉鎖を命ずることができました。早稲田のバリケード・ストライキは、一週間後に六カ月を迎えようとしていました。事態は切迫していたのです。それでも、阿部は、優しく学生を諭しました。そして、機動隊は絶対に入れないと公約し、ついに学生による封鎖の解除を成し遂げたのです。

総長として阿部は、一九六七年に、第一・第二理工学部の本部キャンパスから西大久保キャンパス（現・西早稲田キャンパス）への全面移転を完了し、また、大隈庭園を学生に開放しました。しかし、学外から擁立された阿部が、事態を収拾したことを面白く思わない者たちは、阿部を批判します。たとえば、阿部が活動家の学生を総長室で応接したことについて、いちいち抗議を申し入れる教授もいました。果ては、軽井沢の土地購入をめぐり、理事会不正の噂が、飛び交うに至ります。こうして阿部は、苦労を共にした理事・監事全員と共に、総長を辞任します。

第九代総長 時子山常三郎（一九六八〜一九七〇年）

第九代総長の時子山常三郎（とこやまつねさぶろう）は、政治経済学部の出身です。阿部を引き継いで大学紛争の解決に力を注ぎ、のちに理事会として「学内平和宣言」を発表します。就任の挨拶では、早稲田大学の教旨への回帰を呼びかけるとともに、その現代的解釈を強調しました。そして、大学のあり方を検討するため、大学問題研究会（だいがくもんだいけんきゅうかい）を発足させます。大学問題研究会の最終報告書は、高度成長に伴って大学生に量的拡大と質的変化が生じたにも拘（かかわ）らず、大学教員は研究・学問を中心とし続けていて、教員と学生との間にズレが生じ、その結果として、学生が大学に不信感を抱くことになったと指摘します。

また、校史資料係を改変し、大学史編纂所（だいがくしへんさんじょ）（現・大学史資料センター）を設立して、「早稲田大学百年史」を刊行するために、資料収集・整理を行うことを定めました。百年史は、一九九七年、『早稲田大学百年史』（全五冊、別巻二冊、総索引・年表一冊）として完成することになります。

第十代総長 村井資長（一九七〇〜一九七八年）

第十代総長の村井資長は、早稲田大学理工学部応用化学科の出身です。早稲田大学の百周年に向けて、記念事業として新キャンパスの造成、新学部の設置計画を推し進めました。

一方、大学紛争は続いており、一九七二年には、早稲田大学第一文学部の学生である川口大三郎君が、革マル派によりリンチで殺される事件が起こります。これを機に、早稲田の学生運動を暴力的に支配していた革マル派に対する、解放闘争である第三次早大闘争が起こります。村井は、総長団交を求める一部学生に、授業中に拉致される騒ぎに遭っています。

一九七四年、村井は、学徒出陣のため卒業式に出席できなかった一九四四年三月の卒業者に対して、大隈講堂で卒業証書授与式を行いました。学徒出陣では、四五〇〇名を超える学生が、戦争へと駆りだされ、数多くの若き命が失われました。一九九〇年、創立記念日であり、第一回出陣学徒壮行会が行われた日でもある十月二十一日に、早稲田大学は大隈庭園内に平和祈念碑を建立し、以後、同日前後に、戦没者を追悼する献花式を開催しています。

第十一代総長 清水司（一九七八〜一九八二年）

第十一代総長の清水司は、早稲田大学理工学部電気通信学科の出身です。村井の時には新キャンパスを千葉県の幕張新都心に造成する方向でしたが、清水は一転して、埼玉県の所沢市に開設することを決定しました。所沢新キャンパスには、一九八七年に人間科学部がつくられ、二〇〇三年にスポーツ科学部も設置されます。

一九七九年には、早稲田中学・高等学校が系属校となりました。早稲田中学・高等学校は、一八九五年、大隈重信の理念に基づき、坪内逍遥らによって創設されました。早稲田の附属・系属の中で、最も古い伝統を持っています。

一九八〇年、早稲田大学商学部入試問題漏洩事件が起こります。試験監督として立ち会った学生数人が、試験前に都内の学習塾から依頼され模範解答を作成した問題と、実際の入試問題の酷似に気づき、教員に報告しました。教授会は、入試問題漏洩の恐れがあると判断し、調査したところ、社会科の問題が一字と違わず一致しており、事前に問題の漏洩した可能性が高いと判断します。合格発表の当日、清水は、記者会見を開き、真相究明を約束します。

学習塾に問題を持ち込んだのは元高等学校の教諭で、一部の早稲田大学職員と共謀して、かねてより裏口入学を斡旋していました。七九年に、裏口入学に関わっていた職員が全員異動したため、大学直営の印刷所に勤める監視役の職員に、問題用紙を抜き取らせ、外部に持ち出したのです。警視庁は、大学職員二名と元教諭、および印刷所の職員を窃盗の容疑で逮捕します。早稲田大学は、入試問題を不正に入手した受験生九名の合格を取り消し、過去に遡って調査を行い、不正入学が判明した卒業生四二名と在学生一三名に、入学取消と学籍抹消の処分を下しました。

そうした打撃の残る中、清水は、一九八二年に百周年式典を挙行します。佐賀の龍泰寺では、大隈の展墓と墓前祭を行いました。十月二十日には、早稲田の大隈銅像への献花、護国寺での墓前祭を行います。清水は、早稲田大学創立百周年記念祝賀会で、「百年という歴史的な節目にあたり、あらためて（大隈）侯の抱負と理想に思いをいたし、新しい時代に向けて建学の精神を再構築し、新たな展開をはからなければならない」との決意を表明しました。式典の翌二十一日・二十二日には、国際シンポジウム「二十一世紀をめざす世界と日本」や「世界の大学」「ロボット・生命・人間」をテーマとする創立百周年記念講演などを開催しています。

同じく一九八二年には、創立百周年記念授業の一環として、埼玉県本庄市に、本庄高等学院が開校しています。「知・情・意の調和のとれた教育を目指す」とともに、「本庄の自然環境を生かした「土に親しむ」教育を考察する」ことを目標としています。いまも本庄高等学院は、農家の協力を得て農業体験を行うなど、地域と密着した教育を展開しています。

第十二代総長 西原 春夫（一九八二～一九九〇年）

第十二代総長の西原春夫は、早稲田大学法学部の出身で、刑法を専門とします。総長就任とともに、日本私立大学団体連合会会長や文部省大学設置・学校法人審議会会長を兼任して、私学の「顔」として活動しました。

西原は、早稲田の国際化を積極的に展開し、なかでも中国・ドイツとの連携を深めました。

西原は、国際交流にも、なぜそれを早稲田がやるのかという大学の個性が必要と考え、清国留学生部から始まる中国と早稲田との深い繋がりを重視して、中国、具体的には北京大学と協定を結びました。かつて北京大学の文科学長であった陳独秀は、早稲田に学んでいました。また、韓国とは、高麗大学と交流します。高麗大学を発展させた金性洙は早稲田大学に学んでいました。

そして西原は、自らフンボルト財団の研究奨学生として、ドイツのフライブルク大学外国・国際刑法研究所に留学した経験、さらに早稲田大学在外研究員としてドイツのフライブルク市のマックス＝プランク外国・国際刑法研究所に留学した経験をそれぞれ生かして、ドイツとの交流を進め、ボンに早稲田大学の拠点を置きました。こうして早稲田は、急速に国際化を進めていきます。

第十三代総長 小山宙丸（一九九〇〜一九九四年）

第十三代総長の小山宙丸は、早稲田大学文学部西洋哲学専修の出身です。実家は、東京都北区岩淵町にあった小山酒造で、長らく都区内唯一の造り酒屋として知られていました。一九九一年に、小山は、総合学術情報センターを開館させます。入り口には、ラテン語で、"QUAE SIT SAPIENTIA DISCE LEGENDO"（知恵の何たるかを読むことによって学べ）というローマの政治家カトー（Cato）の息子への教訓が掲げられ、中央図書館内の二階から三階へと通じる中央階段踊り場には、平山郁夫（ひらやまいくお）の「熊野路・古道」が展示されました。これは、「真理探究の奥深さ」がテーマとされています。森の奥深く消える古道は、学問の深遠さを象徴し、上方に輝く曙光（しょこう）は厳しい道の果てにある希望と安らぎを暗示しています。旧図書館（二号館）にも、横山大観（よこやまたいかん）・下村観山（しもむらかんざん）の合作である「明暗（めいあん）」が展示されていました。今は利用されていない正面の玄関から入ると、「暗」の部分から次第に「明」が見えてきて、読書による啓蒙が表現されています。二号館には、一九九八年に會津八一（あいづやいち）記念博物館が設置され、「明暗（めいあん）」のほか、早稲田を代表する美術品、考古・民族資料が蒐集（しゅうしゅう）・公開されています。

また、外交官の杉原千畝（すぎはらちうね）の事績を知って感銘を受けた小山は、一九九四年、杉原千畝の夫人を訪れて、顕彰状を手渡しました。第二次世界大戦中、リトアニアのカウナス領事館に赴任した杉原は、ナチス・ドイツの迫害によりポーランドなど欧州各地から逃れてきたユダヤ人難民たちの窮状に同情し、外務省からの訓令に反して大量のビザ（通過査証）を発給し、ユダヤ人を救ったことで知られます。一一号館と一四号館の間にある階段の脇に、杉原のレリーフが建てられています。

第十四代総長 奥島 孝康（一九九四〜二〇〇二年）

第十四代総長の奥島孝康は、早稲田大学法学部の出身で、会社法を専門とします。奥島は、「グローカル・ユニバーシティの実現」という大学の改革目標を策定し、グローバルな地球的な視野でものを見る目線と、ローカルな魂と行動力をもつ野人、そういうワセダニアンの進取の精神を取り返すことを唱え、さまざまな改革を実行します。教育では教員の純血主義を排除する人事改革を進め、「オープン教育センター（現グローバルエデュケーションセンター）」を設置し、研究では「プロジェクト研究所」制度を構築しています。法学部長・総長としては、革マル派をキャンパスから追放することに尽力しました。

一九九八年には、大学院アジア太平洋研究科を設置し、研究科として初の九月入学を開始しました。會津八一記念博物館もこの年に開設されています。

二〇〇〇年には、石橋湛山記念早稲田ジャーナリズム大賞を創設しました。本賞は、すぐれたジャーナリストであり、早稲田の卒業生として最初の内閣総理大臣ともなった石橋湛山を記念して、広く社会文化と公共の利益に貢献したジャーナリスト個人の活動を発掘し、顕彰することにより、社会的使命・責任を自覚した言論人の育成と、自由かつ開かれた言論環境の形成へ寄与することを目的としています。

二〇〇一年には、大学院日本語教育研究科を設立し、日本語教育学の知見を持って社会作りに貢献できるような日本語教師などの育成を目指すことにしました。二〇〇二年には、「アジア地域への貢献」と「地球市民の育成」を目標に、系属校として早稲田渋谷シンガポール校を開校し、また、二一世紀の地球規模の環境問題に対応した先導的な研究開発を展開する新しい研究機関として、環境総合研究センターを設立しています。

第十五代総長 白井 克彦（二〇〇二〜二〇一〇年）

第十五代総長の白井克彦は、早稲田大学理工学部電気工学科の出身で、音声認識の第一人者です。白井は、第一に学部教育の「教育力の向上」を努力の中心とし、現在のグローバル化の進行を予見し、それに応じて機能できる組織や仕組みを創設し「グローバル・ユニバーシティの構築」を進めるため、様々な改革に取り組みました。

二〇〇三年には、一九五二年に創設された体育局を発展的に改組して、体育各部を統括し、学内外の諸機関と連携して、体育各部の活動とスポーツ振興への寄与を目的とする競技スポーツセンターを設立しました。また、人間科学部から独立して、スポーツ科学部を設置しています。さらに、北九州に、大学院情報生産システム研究科（ＩＰＳ）を設立します。ＩＰＳは、日・英二言語講義をいち早く導入し、「情報アーキテクチャ分野」、「生産システム分野」、「集積システム分野」の三つの分野から、テクノロジーによる持続可能な社会の実現に向けて学際的な研究を行っています。

二〇〇四年には、すべての学部・研究科を一〇の「学術院」という組織に統合し、研究科の全教員をいずれかの学術院の所属としました。これにより学内の意思決定など、大学行政も学術院教授会単位で行われるようになりました。また、国際教養学部を設置して、学部として初の九月入学を開始しました。さらに、法務研究科（法科大学院）・ファイナンス研究科、そして二〇〇五年には会計研究科という専門職大学院を設置しています。二〇〇四年には、北京大学との共同教育研究機構の共同設置を表明し、また同大との「ダブルディグリー課程」（両大学の学士を取得可能なプログラム）も設置しています。さらに二〇〇六年には、次世代を担う若手研究者の育成と学内の研究教育活動の活性化を目的に高等研究所を設置し、大隈タワー（二六号館）が竣工しました。

二〇〇七年十月二十一日には、創立一二五周年を迎えました。第三章でも述べたように、大隈は「人生一二五歳説」を持説としていました。早稲田大学は、創立一二五周年を「第二の建学」と位置づけ、教育研究のあらゆる側面で改革を推し進め、さまざまな記念事業を行い、創立記念日には記念式典を行っています。前日には、世界九三の大学の学長が一堂に会し、「世界学長会議」も開催しています。

また、二〇〇七年には、第一文学部と第二文学部を統合再編し、文化構想学部と文学部を新設し、理工学部を分割して、基幹理工学部・創造理工学部・先進理工学部に再編しました。そして、「五年以内に留学生を八〇〇〇名受け入れる」計画を表明、同年、中国の王毅（元駐日本特命全権大使）と早稲田大学孔子学院設立協定書に調印し、早稲田大学に世界初の「研究型」孔子学院を設立します。「研究型」である早稲田孔子学院は、北京大学との共同運営を通じて、学術研究成果の出版・公表、学術共同研究、両大学の研究者・教員・学生の相互派遣および交流、若手研究者の共同育成、中国文化に関するシンポジウム開催などを行うもので、他の孔子学院のように、教員を中国から招いて中国語の教育をさせることはありません。米国のスタンフォード大学が、早稲田に追随して「研究型」となったので、世界で二校だけ存在する特別な孔子学院です。

二〇〇八年には、東京女子医科大学・早稲田大学連携先端生命医科学研究教育施設に早稲田大学先端生命医科学センターを開設、二〇〇九年には、大阪府茨木市の摂陵中学校・高等学校を系属校化し、校名を早稲田摂陵中学校・高等学校に変更します。二〇一〇年には、佐賀県唐津市に早稲田佐賀中学校・高等学校を新設しました。

こうして現在の早稲田大学の「かたち」がつくられていったのです。

4　早稲田大学の目指すもの

第十六代総長 鎌田 薫（二〇一〇～二〇一八年）

第十六代総長の鎌田薫（かまたかおる）は、早稲田大学法学部の出身で、民法を専門とします。鎌田は、二〇一〇年度の卒業式、大学院学位授与式、二〇一一年度の入学式を中止しました。三月に、東日本大震災（ひがしにほんだいしんさい）が起こったためです。鎌田は、東日本大震災復興支援室を設置して、被害に遭った学生などを救済するとともに、早稲田大学東日本大震災復興研究拠点を設立して、大学として復興に取り組みました。

二〇一二年には、二〇三二年の創立百五十周年に向けて「WASEDA VISION 150」を発表します。これについては、後に説明いたします。

二〇一三年には、大学院国際コミュニケーション研究科を設置し、また基盤教育の拠点としてグローバルエデュケーションセンターを設置しました。さらに、一学年を四つの期間に区切るクォーター制の導入を開始します。二〇一四年には、大学総合研究センターを設置し、早稲田大学中野国際コミュニティプラザを開設します。そこには、早稲田大学国際学生寮「Waseda International Student House」（通称・ＷＩＳＨ）をオープンさせ、留学生と日本人学生が生活を共にしながら、交流できる寮にしています。また、政治経済学部の三号館が、古い校舎の面影を残しながら、新築されました。

二〇一六年には、先端社会科学研究所、大学院経営管理研究科、教職支援センターを設置したほか、男女共同参画推進室を改組し、ダイバーシティ推進室、総長室オリンピック・パラリンピック事業推進プロジェクト室を設置しています。二〇一七年には、スチューデントダイバーシティセンターが設置され、一八年には、早稲田大学歴史館が一号館に開館し、戸山キャンパスに早稲田アリーナが竣工しています。

このように、早稲田を「かたち」づくる組織の設置や建物の建設は、続けられましたが、その一方で、鎌田は、早稲田がこれから向かう道筋を考えました。それが、「WASEDA VISION 150」です。

WASEDA VISION 150

二〇三二年の早稲田大学創立百五十周年へ向けたビジョンは、学生がどのような教育・研究環境の中で、何を身に付け、世界へはばたくのか。その学窓と早稲田の研究のあるべき様態、そして卒業生がどのような姿で世界のリーダーとして、あるいは地域社会を支える市民として、世のため人のために活躍しているのか。その姿を示したものです。それは、四つの基軸と、一三の核心戦略により示されます。一三の核心戦略は、入学者選抜、教育・研究、国際展開・新分野への挑戦、大学運営など広範囲に及びますが、その目指すところは、次に掲げるビジョン1〜4であり、それに対応する四つの基軸に整理することができます。

ビジョン1　世界に貢献する高い志を持った学生

世界中から集まった早稲田の学生は、学生間および教職員との相互作用による知的文化的な刺激の中で、広い教養と深い専門性を身につけ、世界に貢献する高い志(こころざし)を持って世にはばたく用意と覚悟ができている。

基軸1　人間力・洞察力を備えたグローバルリーダーの育成

日本、世界がグローバル化する中で、早稲田大学は、グローバルリーダーを育成することを重要な柱として考えている。グローバルリーダーは、深い専門性だけではなく、幅広い教養を有する必要がある。外国語の修得や知識の修得はもとより、留学・ボランティア・インターンシップ・フィールドワークなど実践的な学びも重要で、理論的アプローチと実践的アプローチが螺旋（らせん）的に学べる環境が必要である。また、日本の歴史・文化等を修得していることも重要な点である。教室で学ぶ授業も一方的な講義だけではなく、教員と学生、学生同士が議論を深める場として様々な工夫が必要となる。これらを総合して、人間力・洞察力を備えたグローバルリーダーを育成する。

ビジョン2　世界の平和と人類の幸福の実現に貢献する研究

早稲田の研究が、人類の知を拡充・組織化し、環境・貧困・災害・紛争等の地球的課題の解決に貢献する。さらに、異文化が共生する中で持続的発展が可能な世界を構築するための課題を指し示し、世界の平和と人類の幸福の実現に貢献する。

基軸2　未来をイノベートする独創的研究の推進

研究面においては、人文・社会・自然科学の深化と発展に加えて、学問の枠組みを超えて地域や地球規模の問題解決に貢献するとともに、さらに次の課題を指し示し、世界の平和と人類の幸福をより良く実現する活動を続ける。そのためには、教員個々の高度で独創的な研究を支援するとともに、組織的な戦略に基づいた研究の推進および国内外の研究機関との連携を強化する必要があり、研究組織と支援体制の整備を進め、同時に、研究活動を広く世界へ発信し、その成果を人類社会に還元する「国際研究大学」の枠組みを構築する。そして、総合大学としての文理融合型研究を推進し、新たな教育・研究に挑戦する。

ビジョン3　グローバルリーダーとして社会を支える卒業生

早稲田の卒業生（校友）が世界各国で、そして日本の津々浦々で、政治、経済、学問、文化、スポーツ、地域活動等の様々な分野の、グローバルな視点を持ったリーダーとして、歓び（よろこび）を持って汗を流す。そうした校友が折にふれて早稲田で学び、早稲田大学や他の校友、地域社会などと強固な連携を構築する。

基軸3　校友・地域との生涯にわたる連携の強化

Vision150に沿った教育を展開することにより、多くの卒業生が、グローバルな視点を持って活躍し、また市民としても歓びを持って汗を流すことを期待している。卒業生がどのような職業についても、早稲田とのかかわりを持ち、本学は卒業生のために直接的にまた間接的に支援することを目指す。より幅広い校友間の交流の場の提供や早稲田の多様なリソースを活用したキャリアアップ等を通じて、大学が校友と強固な関係を構築し、「校友にとって頼りになる大学」を目指す。そして、校友の実績や経験を大学に還元し、さらに教育・研究に活かす。

ビジョン4　世界に信頼され常に改革の精神を持って進化し続ける大学

財政基盤を確立し、情報公開、説明責任を果たし、ガバナンスを強化し、世界に信頼され常に改革の精神を持って進化する大学となる。

基軸4　進化し続ける大学の仕組み創設

社会の要請に応えるばかりではなく、時代を先取りし行くべき方向へ先導することも大学の重要な使命である。また、内部評価のみならず、外部評価制度も取り入れ、教育・研究・社会貢献および管理・経営など大学事業と大学の向かう方向を世の中に明らかにすることも重要である。地球と人類の未来を見つめ、社会との関係を常に意識し、多様な知を組織する必要がある。そのためには、教育・研究・大学運営への女性教職員や外国人教職員の参画を推進し、新たな視点と思考の導入も不可欠である。これらを通じて、時代を先導し続ける高等教育機関としてのダイナミズムを保障するガバナンスとコンプライアンスの仕組みを構築する。

このような「Waseda Vision 150」により、鎌田は早稲田の方向性を定めたのです。

第十七代総長 田中愛治（二〇一八年〜）

第十七代総長の田中愛治は、政治経済学部の出身で政治学を専門とし、オハイオ州立大学で博士を取得しました。世界政治学会（ＩＰＳＡ）という世界規模の学会で会長を務め、これまでの総長の中で唯一となる、空手部という体育各部の出身者です。

田中は、早稲田大学を「世界で輝くＷＡＳＥＤＡ」にすることを目標として掲げ、そのために、「Waseda Vision 150」を「NEXT STAGE」へと昇華させ、具体化を進めています。「Waseda Vision 150」は、研究・教育から組織運営まで、幅広い分野におけるこれからの早稲田大学のあり方を取り上げています。そこで、取り組みが総花的にならないように、プライオリティーを明確にし、実効を挙げる工夫が必要となります。具体的には「研究の早稲田」、「教育の早稲田」、「貢献の早稲田」の枠組みで取り組みを進めています。

研究のレベルや教育の質をこれまで以上に高めるには、優れた人材が必要です。そこで、若手の研究者を、とくに海外から積極的に招聘していこうとしています。大学の教員は、自分を超える研究者の登用に躊躇せず、自分よりも優れた研究者に成長すると思われる者を採用することに努めています。

教育面では、カリキュラムの体系化を進めています。内容の重複を防ぐため、似通った科目を整理し、科目の履修順を定めることで、学生には効果的に学べる体系を構築し、教員の負担を軽減していきます。

社会貢献のためには、学生の「人間的力量」を高める後押しをすることが必要です。WAVOC（平山郁夫記念ボランティアセンター）の登録者が九〇〇〇名を超えることが示すように、早稲田大学の学生は、ボランティアや社会貢献への意識が高く、それが独自の文化として根付いています。そうした文化をさらに広めるためには、人間としての力量が必要なのです。

こうした「Waseda Vision 150」の具体化に当たって、田中は、学生・教職員をはじめ、学生の保証人や校友までをも含めた関係者全員が、早稲田が「世界で輝く大学」になるという「覚悟」を決め、その「思い」を共有することが必要である、と訴えています。

「たくましい知性」と「しなやかな感性」

田中は、「世界で輝く大学」に向かうなかで、学生には、「たくましい知性」と「しなやかな感性」を身に付けて欲しいと考えています。たとえば、大学入試の問題には必ず答がありますが、世の中の問題は答があるとは限りません。そうした難しい問題に立ち向かうことができる力が、「たくましい知性」です。問題の解決に向けて自分なりの答を仮説として立て、考察して検証する。課題を見つけて、また考える。そのような姿勢を身に付けて欲しい、と田中は考えています。

「しなやかな感性」とは、ダイバーシティー、多様性を認める力です。早稲田大学では、性別、国籍、宗教や信条などに関係なく、誰もが平等に教え学んでいます。異なる価値観を持った教職員や学生たちと交わるなかで、多様性を考え、認めて受け入れて欲しいのです。様々な国籍の学生が学び、英語での授業も増えていますが、英語で学ぶだけでは、早稲田で学ぶ意味はありません。日本語と英語、日本人の学生と外国籍の学生が交流することによって、早稲田らしさが生まれ、真の国際化を図ることができるはずです。

コロナ禍への対応

二〇一九年十二月に、中国で初めて報告され、世界的な流行を見せた新型コロナウイルス感染症（COVID-19）に対して、田中はブレない対応を行ってきました。

田中は、WHO（世界保健機関）が認定する以前から、新型コロナウイルス感染症の拡大をパンデミックと見定め、二〇二〇年二月には、危機管理の鉄則である「最大のダメージ（後悔）を最小にとどめる（Minimizing Maximum Regret）」ことを原則に、卒業式・入学式や課外活動など、ぜひ実施したいことであっても、早稲田大学の三つの使命「（1）学生の健康と生命を守る、（2）教育を提供する、（3）研究を続ける」を果たすために諦めるしかない、と基本方針を立てました。早稲田大学には多くの留学生がおり、二〇二〇年四月の段階で、約五〇〇〇名の学生は、日本に入国できない状態でした。また、首都圏以外に住んでいる学生も、キャンパスに戻れない状況にありました。そこで、かれらのためにも、オンラ

2021年度春季企画展「Lost in Pandemic」。演劇博物館はコロナ禍で上演できなくなった演劇の展示を様々に企画した（早稲田大学演劇博物館提供）

インで教育を提供すべきと考え、授業の開始を遅らせてオンライン教育を十全に準備したのです。こうした対応の原則として、田中が掲げたのは、国際連合が掲げるＳＤＧｓ（持続可能な開発目標）の理念の一つである「誰一人取り残さない（No one will be left behind)」に沿って進むことでした。

早稲田大学に入学したにも拘らず、キャンパスに入ったことがない。こうした異常事態に、新入生を中心に心の不調を訴える者が続出しました。そのため、オンラインを通じてカウンセリングを行うとともに、七億円以上の費用をかけて空調設備を整備し、対面授業の再開に備えました。また、学生のなかには、アルバイトなどの収入をなくし、あるいは家庭の経済状況が悪化した者も少なくありませんでした。田中は、困窮した学生に、緊急支援金として一〇万円を支援すると共に、オンライン授業を受けるためのパソコンやWi-Fiなどの機材を貸し出し、校友に在学生支援の寄付を呼びかけます。すると、早稲田史上最も多くの校友が、学生への応援メッセージと共に、九億円を超える寄付をしてくれました。しかも、それまでの寄付の主体であった五十代以上はもとより、二十代、三十代の若い卒業生（校友）たちが、後輩のために動いてくれました。

この結果、秋学期から、少しずつ対面授業を増やし、課外活動も徐々に再開させ、学生の気持ちに添えるよう努力をしました。二〇二一年度には、無料のPCR検査とワクチンの大学拠点接種を実施したうえで、七割の対面授業を原則とし、大人数を対象とした講義はオンラインにし、熟議を必要とするゼミや演習、あるいは実験は対面にすることで、研究を止めず、学習効果を下げずに、コロナ禍に対応しています。二〇二一年の秋学期には、人数と時間を制限した形式ですが、早稲田祭も対面で実施することができました。

こうした田中のコロナ禍への対応は、高く評価されました。慶應義塾大学の伊藤公平（いとうこうへい）塾長は、早稲田のコロナ禍への対策の詳細を聞くため、就任直後に早稲田を訪れています。また、優れたコロナ対策をした大学について学長たちに尋ねたアンケートでは、東北大学と並んで早稲田大学が一位となりました。しばらくの間、コロナ禍との戦いは、続くと見られていますす。田中のもと、早稲田大学は一丸となってコロナ禍を乗り越えていきたいと思います。

さらに深く知りたい人のために

基礎資料

本書は、新書という形式のため、叙述の出典を明示せず、最後に参考文献を付ける形にしました。また、大隈の言葉を掲げる際に、一部仮名づかいを改め、（ ）などを補い、読点や振り仮名を加えています。厳密な文章については、次の資料を参照してください。

・早稲田大学大学史編纂所（編）『早稲田大学百年史』（早稲田大学出版部、一九七八〜一九九七年）

早稲田大学創立百周年記念事業の一環として編纂された早稲田大学の沿革史です。本編（第一巻〜第五巻）、別巻Ⅰ・Ⅱ、総索引・年表の計八冊より成ります。早稲田大学の「正史」で、本書もこれに依拠しています。早稲田大学百年史は、デジタル化され、Ｗｉｋｉシステムを利用して、本文のテキスト情報や原本画像の閲覧、キーワード入力による横断検索が可能となっています（https://chronicle100. waseda. jp/index. php）。

・早稲田大学大学史資料センター（編）『早稲田大学百五十年史』（早稲田大学出版部、二〇二二年〜）

　全三巻の予定で、百五十周年にあたる二〇三二年までに出版していきます。渡邉が編集委員長をしているため、未刊の原稿を読む機会があり、本書にも最新の研究成果を活用させてもらった部分があります。百年史と同様、電子化する予定です。

・早稲田の歴史（https://www.waseda.jp/top/about/work/history）

　早稲田大学の大学のウェブサイトのページです。大学史資料センターの関係者が中心となり、様々な視座から早稲田の歴史を紹介しています。本書は、ここの記述に基づいたものもあります。また、現在の早稲田大学については、早稲田大学のウェブサイトに本書よりも詳しく、そして最新の情報が掲載されていますので、ご参照ください。

・早稲田大学（編）『大隈重信演説談話集』（岩波文庫、二〇一六年）

　大隈の二二〇〇タイトルの演説・論著のなかから、明治から大正にかけて、大隈が青年や女性に何を語り、学問・教育と政治・社会のあり方をいかに語ったかを中心に編纂したものです。演説の名手と言われた大隈の演説に直接触れることができます。

・早稲田大学（編）『大隈重信自叙伝』（岩波文庫、二〇一八年）
『大隈伯昔日譚』・『大隈侯昔日譚』より自伝的な記述を選んで編成しています。それに、自伝的要素を含む大隈の演説・談話を加えています。時期は、幕末から東京専門学校開校前後までを中心とします。大隈の語り口に触れることができます。

伝記

大隈に関する伝記は、たくさんありますが、特徴的なものと最近のものを挙げました。

・大隈侯八十五年史編纂会（代表・市島謙吉）編『大隈侯八十五年史』（大隈侯八十五年史編纂会、一九二六年）
大隈の関係者による公式な伝記です。

・J・C・リブラ『大隈重信―その生涯と人間像』（早稲田大学出版部、一九八〇年）
英語版は一九七三年の出版です。

・真辺将之『大隈重信―民意と統治の相克』（中公叢書、二〇一七年）
最新の資料を用いた大隈論です。本書は多くをこの書に依拠しています。大隈や早稲田の詳細を知りたい人に最適です。

・伊藤之雄『大隈重信』（中公新書、二〇一九年）

大隈の強靱な精神力と楽天的な性格、庶民への優しさを描いたものです。今まで紹介したものと異なり、早稲田大学関係者ではない著者が描いていますので、早稲田の視座とは異なる大隈像を知ることができます。

渡邉義浩（わたなべ・よしひろ）
早稲田大学大学史資料センター所長。早稲田大学百五十年史編纂委員会委員長。早稲田大学理事・文学学術院教授。東京都出身。文学博士。専攻は「古典中国」学。主な著書に『後漢国家の支配と儒教』（雄山閣出版）『三国政権の構造と「名士」』（汲古書院）『後漢における「儒教国家」の成立』（同）『西晉「儒教国家」と貴族制』（同）『「古典中国」における文学と儒教』（同）『三国志よりみた邪馬台国』（同）『「三国志」の政治と思想』（講談社選書メチエ）『儒教と中国―「二千年の正統思想」の起源』（同）『三国志の女性たち』（山川出版社）『三国志の舞台』（同）『関羽―神になった「三国志」の英雄』（筑摩選書）『中国における正史の形成と儒教』（早稲田選書）『三国志―演義から正史、そして史実へ』（中公新書）『論語集解―魏・何晏（集解）』（上下巻）（早稲田文庫）など多数。

早稲田新書011

大隈重信と早稲田大学

2022年３月25日　初版第１刷発行

著　者　渡邉義浩
発行者　須賀晃一
発行所　株式会社 早稲田大学出版部
〒169-0051　東京都新宿区西早稲田１-９-12
電話 03-3203-1551
http://www.waseda-up.co.jp
印刷・製本・装丁　精文堂印刷株式会社

ISBN：978-4-657-22004-2

早稲田新書の刊行にあたって

いつの時代も、わたしたちの周りには問題があふれています。一人一人が抱える問題から、家族や地域、国家、人類、世界が直面する問題まで、解決が求められています。それらの問題を正しく捉え解決策を示すためには、知の力が必要です。整然と分類された情報である知識。日々の実践から養われた知恵。これらを統合する能力と働きが知です。

早稲田大学の田中愛治総長（第十七代）は答のない問題に挑戦する「たくましい知性」と、多様な人々を理解し尊敬して協働できる「しなやかな感性」が必要であると強調しています。知はわたしたちの問題解決によりどころを与え、新しい価値を生み出す源泉です。日々直面する問題に圧倒されるわたしたちの固定観念や因習を打ち砕く力です。「早稲田新書」はそうした統合の知、問題解決のために組み替えられた応用の知を培う礎になりたいと希望します。それぞれの時代が直面する問題に一緒に取り組むために、知を分かち合いたいと思います。

早稲田で学ぶ人。早稲田で学んだ人。早稲田で学びたい人。早稲田で学びたかった人。早稲田とは関わりのなかった人。これらすべての人に早稲田大学が開かれているように、「早稲田新書」も開かれています。十九世紀の終わりから二十世紀半ばまで、通信教育の『早稲田講義録』が勉学を志す人に早稲田の知を届け、彼ら彼女らを知の世界に誘いました。「早稲田新書」はその理想を受け継ぎ、知の泉を四荒八極まで届けたいと思います。

早稲田大学の創立者である大隈重信は、学問の独立と学問の活用を大学の本旨とすると宣言しています。知の独立と知の活用が求められるゆえんです。知識と知恵をつなぎ、知性と感性を統合する知の先には、希望あふれる時代が広がっているはずです。

読者の皆様と共に知を活用し、希望の時代を追い求めたいと願っています。

２０２０年12月

須賀晃一

早稲田大学出版部の人気シリーズ

「早稲田大学エウプラクシス叢書」

創刊5周年

教育研究の充実と若手研究者の育成を目的に早稲田大学が独自に設けた「学術研究書出版制度」により、2016年12月から刊行。既刊全33巻

好評既刊

松本清張が「砂の器」を書くまで：ベストセラーと新聞小説の一九五〇年代
（山本幸正著・2020年2月発売・定価4400円）

倭王権の考古学：古墳出土品にみる社会変化
（加藤一郎著・2021年3月発売・定価4400円）

多文化社会の消費者認知構造：グローバル化とカントリー・バイアス
（寺崎新一郎著・2021年2月発売・定価4400円）

ヘルスコミュニケーション：健康行動を習慣化させるための支援
（島崎崇史著・2016年12月発売・定価3080円）

シンガポールの奇跡：発展の秘訣と新たな課題
（坂口可奈著・2017年4月発売・定価3850円）